Johannes Schmidt

Leibnitz und Baumgarten

Ein Beitrag zur Geschichte der deutschen Aesthetik

Johannes Schmidt

Leibnitz und Baumgarten
Ein Beitrag zur Geschichte der deutschen Aesthetik

ISBN/EAN: 9783743644663

Hergestellt in Europa, USA, Kanada, Australien, Japan

Cover: Foto ©ninafisch / pixelio.de

Weitere Bücher finden Sie auf **www.hansebooks.com**

MICROFILMED 1991

COLUMBIA UNIVERSITY LIBRARIES/NEW YORK

as part of the
"Foundations of Western Civilization Preservation Project"

Funded by the
NATIONAL ENDOWMENT FOR THE HUMANITIES

Reproductions may not be made without permission from
Columbia University Library

COPYRIGHT STATEMENT

The copyright law of the United States -- Title 17, United States Code -- concerns the making of photocopies or other reproductions of copyrighted material...

Columbia University Library reserves the right to refuse to accept a copy order if, in its judgement, fulfillment of the order would involve violation of the copyright law.

AUTHOR:
SCHMIDT, JOHANNES

TITLE:
LEIBNITZ UND BAUMGARTEN...
PLACE:
HALLE A/S
DATE:
1875

COLUMBIA UNIVERSITY LIBRARIES
PRESERVATION DEPARTMENT

BIBLIOGRAPHIC MICROFORM TARGET

Original Material as Filmed - Existing Bibliographic Record

```
193L58  Schmidt, Johannes
FS         Leibnitz und Baumgarten, ein
       beitrag zur geschichte der deutschen
       ästhetik; hierin eine ausführliche kritik
       ästhetischer grundanschauungen Lotze's
       und Zimmermann's.              374124
       Halle a/S. 1875.    0.8+122 p.
```

Restrictions on Use:

TECHNICAL MICROFORM DATA

FILM SIZE: 35mm   REDUCTION RATIO: 7-3-91
IMAGE PLACEMENT: IA (IIA) IB IIB
DATE FILMED: 7-3-91   INITIALS M.D.C.
FILMED BY: RESEARCH PUBLICATIONS, INC WOODBRIDGE, CT

AIIM

Association for Information and Image Management
1100 Wayne Avenue, Suite 1100
Silver Spring, Maryland 20910
301/587-8202

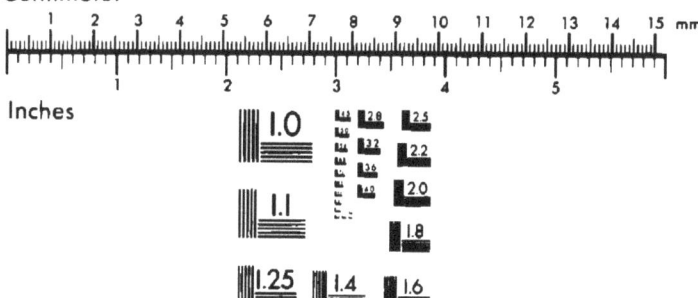

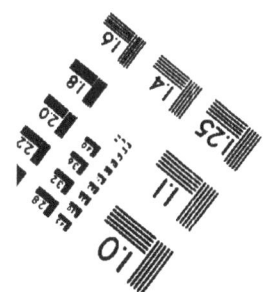
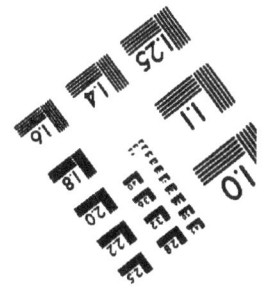

MANUFACTURED TO AIIM STANDARDS
BY APPLIED IMAGE, INC.

Columbia College
in the City of New York.
Library.

Special Fund
1894
Given anonymously.

Leibnitz und Baumgarten,

ein Beitrag zur Geschichte der deutschen Aesthetik

Johannes Schuldt,
Dr. phil.

(Hierin eine ausführliche Kritik ästhetischer Grundanschauungen
Lotze's und Zimmermann's.)

Halle a/S.
Lippert'sche Buchhandlung
(Max Niemeyer).
1875.

Herrn O.-C.-R. Prof. D. Tholuck

zum Zeichen seiner fortdauernden innigen Dankbarkeit

gewidmet

von

Verfasser.

Vorwort.

Nachstehende Abhandlung wurde am 22. December 1873 bei der philosophischen Fakultät der hallischen Universität eingereicht als Beantwortung einer von derselben gestellten Preisfrage. In dem darüber ergangenen Urtheil der besagten Fakultät (s. Progr. vom 22. März 1874) findet sich folgender Satz: „... *omnia ab eo tam egregie disputata sunt, ut ordo amplissimus commentationem non minus propter subtilitatem iudicii quam propter eximiam diligentiam summa laude dignam esse pronuntiaret.*" Hierdurch sowie durch sonstigen Zuspruch competenter Beurtheiler fühlte ich mich ermuthigt, meinen Versuch der Oeffentlichkeit zu übergeben. Es geschieht dies ohne grössere Zusätze oder Aenderungen. Meinem Freunde Konrad Zacher danke ich herzlich für seinen Beistand bei der Correctur der Druckbogen.

Halle a/S., den 10. November 1874.

Johannes Schmidt.

Kurze Inhaltsangabe.

	Seitenzahl
I. Einleitung	1— 9
specielle Einleitung	1— 5
benutzte Hülfsmittel	5— 6
Plan der Arbeit	6— 9
II. Darstellung des Inhalts der beiden ästhetischen Schriften Baumgarten's	9—25
a) die „*meditationes*"	9—14
Ihr Verhältniss zu der *aesthetica*	9
Inhalt	9—13
Verschiedenheit von der *aesthetica*	13—14
b) die „*aesthetica*"	14—25
III. Die Förderung, die die Aesthetik im Allgemeinen, und somit auch Baumgarten von Leibnitz empfieng	25—35
a) die Einführung des Formbegriffes in die Philosophie	25—33
b) die Entdeckung der verworrenen Vorstellung	33—34
c) er leitet zu der Erkenntniss, dass das Schöne ein besonderes Gebiet im menschlichen Geiste habe	34—35
Ueberleitung zu No. IV.	35—39
IV. Abhängigkeit der baumgartenschen Aesthetik im Besonderen von Leibnitz	39—116
1) Die allgemeinen Principien derselben sind von Leibnitz entlehnt	39—86
Kurze Skizze der leibnitzischen Grundlehren	39—41
Wolff's Verhältniss zu Leibnitz	41—43
Benutzung der leibnitzischen Grundlehren durch Baumgarten	43—50
Baumgarten erkennt die Sinnlichkeit als besonderes Vermögen	44—46
Er kam vom lebendigen Interesse am Schönen zur ästhetischen Untersuchung	46—50
Konnte Leibnitz die Aesthetik entdecken und so wie Baumgarten behandeln?	50—53
Baumgarten's Stellung zum Hässlichen im Sinne Leibnitzens	53—86
2) Abhängigkeit von Leibnitz in einzelnen, speciellen Punkten	86—116
A. In Bezug auf die ästhetischen Grundbegriffe das Vordersatz	
a) die eigentliche, von der des Logischen	

verschiedene Natur des Schönen überhaupt erkannt zu haben	56— 59
b) speciell die phänomenologische Natur des Schönen richtig erkannt zu haben	59
Ein Tadel Guhrauer's und K. Fischer's gegen die leibnitzischen Formulirungen (*princ. de la nat. et de la grace* No. 17) wird zurückgewiesen	59— 65
Eine Bevorzugung der leibnitzischen Formulirung durch K. Fischer wird zurückgewiesen	65— 69
B. Baumgarten's concrete, inhaltsvolle Fassung des Formbegriffs knüpft an Leibnitz an	69—102
(Gegen Zimmermann's Auffassung der baumgartenschen Aesthetik in diesem Punkt	71— 74
Beweis, dass Baumgarten's Stellung in diesem Punkt zu loben ist	74— 99
Kritik und Zurückweisung der Ansicht Zimmermann's, Anerkennung des Richtigen in ihr	74— 80
Kritik der Ansicht Lotze's und mehrerer von ihm vertheidigten Standpunkte	80— 99
Ergänzende Bemerkungen	99—102
C. Der Hauptmangel der Aesthetik Baumgarten's, auch im Anschluss an Leibnitz	102—109
Vergleichung mit Hegel	104—105
D. Baumgartens zu lobende Stellung zur heterokosmischen Schönheit hat in der leibnitzischen Lehre ihren Grund	109
Baumgarten (und Lotze) vertheidigt gegen Ritter, Zimmermann, Schnkr	109—115
Unterschied des verwerflichen Realismus und des unbedingt zu fordernden Naturalismus	110—111
a) Das ästhetische Urtheil verwirft jeden Verstoss gegen die Wirklichkeit	111—115
Göthe im Gespräch über Naturwahrheit und Naturwahrscheinlichkeit	112—113
Aristoteles (Lessing)	113—115
b) Das ästhetische Bedürfniss wird nur durch die Darstellung der speciellen Wirklichkeit befriedigt	115—116
Es ist dies ein wahrhaft ästhetisches Gesetz (gegen Zimmermann)	116—117
Baumgarten's Ermahnung zur Naturnachahmung ist in diesem lebenswerthen Sinn zu fassen	117—118
V. Schluss	118—122

Motto: „Leibnitz ist in Wahrheit, das soll ihm näher an reden, *chargé du passé et gros de l'avenir.*"
Kuno Fischer, Leibn. u. seine Schule 1855. S. 11.

Das Leben aller grossen Männer erscheint dem späteren Betrachter in einem eigenthümlich tragischen Lichte. Zu dieser Erwägung veranlasst mich vor Eindruck, den die Lektüre der besten und ausführlichsten Darstellungen vom Leben und Streben Leibnitzens auf mich gemacht hat. Ich denke hier nicht an Undank[1]) und Verkennung bei der Mitwelt, an Anfeindungen und Verfolgungen, die, wie sie überhaupt ein besonderes Vorrecht der Heroen des Geistes sind, auch Leibnitz, dem lebenden wie dem todten, nicht erspart blieben[2]); ich meine vielmehr den tragischen Contrast, in welchem Wissen, Können, Wollen der grossen Männer zu ihrem Erfolg, zu dem steht, was sie nun wirklich in Lehre und That, Wort und Wirken in der Welt ausgerichtet, für die Menschheit persönlich geschafft haben. Denn wenn einen solchen Contrast selbst ja auch jedes Menschenleben in gewissem Maasse aufzeigt, so ruft doch die Empfindungen, die ich beschreiben will, nur die Betrachtung des Lebens der grössten Menschen in uns wach.

Es fällt mir hier ein Wort ein, das ich gern anführe, weil es von einem der Männer stammt, deren auch nur flüchtig empfangener Eindruck zur dankbar empfundenen Wohlthat

---

[1]) Ich will nur daran erinnern, dass die *annales imperii occidentalis Brunsvicensis*, „ein Lebenswerk" im wahrsten Sinn des Worts, deren Vollendung auf Leibnitzs ähnlich wie auf Michel Angelo die des Grabmals von Papst Giulio II. sein ganzes Leben hindurch als eine Ehrenschuld gelastet hatte, von dem er sich selbst grossen Ruhm, und für die Geschichte die Beseitigung unzähliger Irrthümer versprach, noch heute uneditirt im Staube der hannoverschen Bibliothek modern (Guhrauer, Leibnitz II, 327 f).

[2]) vergl. Kuno Fischer, Leibn. u. seine Schule, Mannh. 1855. S. 21. Guhrauer, a. a. O. II, 330. ff.

für's Leben wird. Als nämlich Otto Jahn in seiner Vorlesung über Geschichte der Philologie von der mächtigen Gelehrsamkeit und dem glänzenden Scharfsinn und Talent Bentleys eine begeisterte Schilderung gegeben und veranschaulicht hatte, wie viele seiner Erkenntnisse, deren Grösse und Bedeutung aus die erhaltenen Aufzeichnungen nur ahnen lassen, theils durch die ihm wie manchem grossen Gelehrten eigene Abneigung gegen zusammenhängende schriftliche Mittheilung, theils in Folge des Unverstandes seiner Zeitgenossen der Nachwelt verloren gegangen seien, schloss er, aus dem Gefühl der Trauer und des Bedauerns in die Resignation sich flüchtend, mit den Worten: „es scheine auch in der Philologie dafür gesorgt zu sein, dass die Bäume nicht in den Himmel wüchsen." — In wie viel höherem Grade nun müssen uns die Empfindungen, die hierin ihren Ausdruck fanden, überkommen bei der Betrachtung vom Leben und Wirken Leibnitzens, eines Mannes, der in einem langen, unermüdlicher Arbeit geweihten, von dem Ernst jenes auch seinem Sarge eingegrabenen Wahlspruchs: „pars ritue, quoties perditur hora, perit"[1]) wahrhaft durchdrungenen Leben fast alle den Gebildeten angemessenen Gebiete praktischer und wissenschaftlicher Thätigkeit betreten hat, in allen, wenn nicht als der Erste so doch unter den Ersten sich einen Platz errungen hat, der als Diplomat, Publicist, Politiker, Geschichtsschreiber, Bibliothekar oft zu gleicher Zeit thätig war, der in der Jurisprudenz, Philosophie, Physik, Mechanik, Theologie epochemachende Fortschritte begründete, über Bergbau, Geologie, Münzwesen untersuchte und schriftstellerte, nicht nur für die Gründung von Bibliotheken und Akademien sondern auch von Handwerkerschulen[2]) eifrig wirkte, der mit fast allen bedeutenden Männern seiner Zeit, auch mit Fürsten und Grossen im Verkehr stand, dessen Ruf bis Indien und China[3]) reichte, der so Vieles und so Grosses ausgeführt und geschafft, — aber dennoch bei Weitem mehr, was er geplant, unvollendet und ungethan zurücklassen musste, Aufgaben für die Folgezeit, die diese in einem Jahrhundert nicht zu überwältigen vermochte, so dass an ihm selbst sich „seine Devise"[4]): le présent est gros

[1]) Guhrauer, a. a. O. II. 331. [2]) Feller, citum Hannoveranum bei Guhrauer a. a. O. II. 349. [3]) ebend. II, 355. [4]) ebend. II, 350.

de l'avenir, recht eigentlich bewährt. Um nur Einiges herauszugreifen, so erinnere ich an seine vergeblichen Unionsbestrebungen zwischen Lutherischen und Reformirten, die erst in unserem Jahrhundert durch das Edikt eines preussischen Königs Erfüllung fanden, ferner an seine weiter ausschauenden Bemühungen, Katholiken und Protestanten zur Einigkeit wieder zurückzuführen, in Betreff deren auch wir noch nur fromme Wünsche für die Zukunft hegen; ich erinnere auch an jene Denkschrift, durch die er Ludwig XIV. zu einer Expedition nach Aegypten zu bewegen sich umsonst bemühte, deren Vorschlag aber Napoleon I, wenn auch, ohne sie zu kennen, verwirklichte.[1])

Am grössesten war Leibnitz wohl als Philosoph, aber gerade seine philosophischen Leistungen entbehren am meisten des vollendeten Abschlusses. Nicht in zusammenfassender, systematischer Darstellung hat er sein Lehrgebäude entworfen, sondern fast nur in Correspondenzen und Gelegenheitsschriften sind seine grossen Entwürfe und Entdeckungen zerstreut und zersplittert. Den umfassenden, gewaltigen Inhalt, die folgereichen Resultate seines Denkens in sich aufzunehmen, zu verarbeiten, in die gediegene Form eines Systems zu fassen, darin gipfelte wesentlich die wissenschaftliche Bemühung der beiden folgenden Menschenalter. Und wir dürfen uns daher nicht wundern, wenn wir in diesem Zeitalter der Aufklärung alle philosophischen Untersuchung auf leibnitzische Grundgedanken zurückgehen, von ihnen aus sich entwickeln sehen, wenn selbst Disciplinen, für deren Aufbau zu seinen Lebzeiten die Stunde noch nicht gekommen war, deren Gegenstände er nur in flüchtigen Bemerkungen wie im Vorbeigehen berührt hat, nun in den Boden seiner Lehre ihre Wurzeln senken, auf dem von ihm geschaffenen Bauplatz sich erheben. Das gilt vornehmlich von der Aesthetik, welche nach langer Vernachlässigung im achtzehnten Jahrhundert besonders in Deutschland sich eifriger Pflege zu erfreuen, zu neuem Leben zu erstehen begann, und durch Alexander Gottlieb Baumgarten insbesondere Namen und Bürgerrecht in den Kreis der Wissenschaften und einen bestimmten Platz im philosophischen System erhielt. Wenn ich mir demnach jetzt zur Aufgabe setze, mittels der Darstellung des

[1]) vergl. Guhrauer, a. a. O. I, 111 f.

Verhältnisses der baumgarten'schen Aesthetik zu Leibniz die Bedeutung des Letzteren für die Geschichte der Aesthetik aufzuzeigen, so wird mir meine Arbeit, abgesehen von dem Interesse ihres besonderen Gegenstandes, angenehm nicht bloss durch die Empfindung, Leibnitzens grossen Manen damit einen kleinen Tribut zu zollen, sondern auch, weil ich in Baumgarten es ebenfalls mit einem Deutschen Gelehrten zu thun habe, der wie durch seine sittliche so durch seine wissenschaftliche Persönlichkeit und Leistung auf Achtung und Andenken der Nachwelt allen Anspruch hat.[1] Fromm und pflichtgetreu hat er, durch Ungunst der Verhältnisse und besonders durch schwere Krankheit vielfach behindert, als akademischer Lehrer und Schriftsteller mit Aufopferung und Erfolg gearbeitet. Den zweiten Theil seiner Aesthetik hat er, wie die Vorrede rührend berichtet, in grosser Schwäche und gleichsam den Tod vor Augen abgefasst. Unter den zahlreichen Schülern und Nachtretern Wolff's zeichnet er sich durch Unbefangenheit und Selbständigkeit des Denkens aus, wie er denn auch der Vorrede zur Metaphysik, — eine Stelle, die Mendelssohn im 21sten Literaturbriefe auf sich anwendet[2] — schon in seiner Jugend unter und trotz den Einflüssen von A. H. Francke, Lange, Breithaupt und anderen abgesagten Feinden der wolffischen Lehre zur Erkenntniss von deren Wahrheit Schritt vor Schritt sich hindurchgerungen hatte. Verdienste hat er sich auch um die deutsche philosophische Terminologie erworben, in welcher sich ihm Kant vielfach angeschlossen hat, wie denn überhaupt Baumgarten zu der Arbeit der Vermittlung zwischen Leibnitz und Kant einen unverächtlichen Beitrag geliefert hat. Demgemäss genoss er denn auch schon in damaliger Zeit hohe Anerkennung, wie dies z. B. daraus erhellt, dass Mendelssohn im 20sten Literaturbriefe als Hauptvertreter der Zeitphilosophie nach Leibnitz und Wolff nur noch Baumgarten nennt.[3] Sein Hauptruhm aber und das, wodurch er vorzüglich in der Geschichte der Wissenschaft sich die Un-

---

[1] Ueber sein Leben erfahren wir Vieles aus den Vorreden seiner Werke, ausserdem ist dasselbe ausführlich geschildert von seinem Schüler Georg Friedr. Meier, Alex. Gottl. B's Leben Halle. 1763.
[2] vgl. Theod. Wilh. Danzel, Gesammelte Aufsätze. Leipz. 1855. S. 90.
[3] „(unsere jungen Leute) beurtheilen Alles, lachen über Alles, sie werden Ihnen dreist genug unter die Augen sagen, dass die beste Welt

sterblichkeit gesichert hat, ist und bleibt die, wie schon gesagt, von ihm als wissenschaftliche Disciplin zuerst eigentlich entdeckte und deshalb auch benannte Aesthetik.

Es wird passend sein, ehe ich meine Untersuchung beginne, über die von mir dabei benutzten Hilfsmittel mich kurz zu äussern. Ueber Leibnitzens Philosophie habe ich Erdmann's „Leibnitz und die Entwickelung des Idealismus vor Kant" Leipzig 1842, ferner Guhrauer's „Gottfried Wilhelm Freiherr von Leibnitz, eine Biographie" Breslau 1846, endlich aber und vornehmlich Kuno Fischer's Geschichte der neuern Philosophie, Bd. II, 1855, zu Rathe gezogen. Denn dessen, auch von Erdmann gerühmtes Talent, „durch Entdeckung des springenden Punktes in einer Lehre sich völlig mit derselben identificieren zu können",[1] — eine für den Geschichtsschreiber der Philosophie doch vorzüglich wichtige Befähigung, schien sich mir gerade in der Auffassung des Systems der Harmonie wieder recht bewährt zu haben.[2] In Erdmann's angeführtem Werk war mir die ausführliche Darstellung der wolffischen Philosophie, der Kuno Fischer nur etwa zwölf Seiten widmet, besonders dankenswerth. Für die Beurtheilung des Verhältnisses zwischen Baumgarten und Leibnitz gab mir Danzel's sorgfältige und scharfsinnige, namentlich von Koberstein[3] sehr gerühmte Arbeit über „Gottsched und seine Zeit" Leipzig 1846, sowie verstreute Bemerkungen in dessen von Otto Jahn gesammelten Aufsätzen manchen trefflichen Fingerzeig. Seine kleine Schrift über „die Aesthetik der hegelschen Schule", Hamburg 1844, die ich bei Zimmermann mit grosser Auszeichnung erwähnt fand, und in der er den unbewussten Rückfall Hegel's zu den ästhetischen Grundanschauungen Baumgarten's näher nachzuweisen versucht hat, ist mir leider nicht zugänglich geworden. — Eine ausführlichere Darstellung der

---

eine Grille, die Monade ein Traum oder ein Spass des grossen Leibnitz, Wolff ein alter Schwätzer, und Baumgarten ein dunkler Grillenfänger sei" . . . vergl. ebendas.
[1] Joh. Ed. Erdmann Grundriss der Geschichte der Phil. Berl. 1866 Bd. II, S. 732.
[2] Uebrigens scheint auch Zimmermann, „Leibnitz und Herbart, eine gekrönte Preisschrift" Wien 1848 in wesentlichen Punkten mit Fischer übereinzustimmen.
[3] A. Koberstein, Grundriss der Gesch. der Deutsch. Nationallit. II, 902 Anm.

baumgarten'schen Lehre, um derctwillen manche Spätere, wie es mir schien, eine unabhängige genauere Kenntnissnahme der Schriften unsers Aesthetikers sich ersparen zu dürfen gemeint haben, fand ich in Ritter's Geschichte der Philosophie, XII, S. 557 ff. Dieselbe beruht augenscheinlich auf umfassendem, selbständigem Quellenstudium, wie ich mir dies keineswegs von allen übrigen zu sagen getraue, zum Beispiel nicht von der, die in der „Kritischen Geschichte der Aesthetik" von Max Schasler, Berlin 1872, sich findet. Ein grosser Vorzug dieses Buches dürfte in seiner Reichhaltigkeit bestehen, dagegen wird es dem Leser langweilig durch den mit nicht minder grosser Beharrlichkeit als Willkühr bis in's Einzelnste durchgeführten Schematismus der dialektischen Methode, oder richtiger Gruppirung, und ausserdem hat es in dem mir bekannt gewordenen Partien, über die ich zugleich ein Urtheil auszusprechen wagen darf, mir nicht selten den Eindruck von Mangel an Gründlichkeit und Unabhängigkeit der Forschung gemacht. Dies will ich auch bezogen wissen speciell auf seine Behandlung Baumgarten's, trotz der häufigen Citate zwischen Gänsefüsschen. Anzuerkennen ist aber, dass Sch. die Hauptverdienste desselben um die Aesthetik kurz und klar zusammengefasst und ausgesprochen hat, was man merkwürdiger Weise an manchen andern, sonst viel mehr zu lobenden Darstellungen vermissen muss. An manchen Punkten in meiner Arbeit wird man auch das bekannte Repertorium für ästhetische Fragen, die Aesthetik Friedr. Theod. Vischer's, benutzt finden.

Endlich aber und besonders habe ich der „Geschichte der Aesthetik" von Robert Zimmermann, Wien 1858 und der „Geschichte der Aesthetik in Deutschland" von Hermann Lotze, München 1868, viel zu danken. Ueber das letztere Buch war ich zuerst gerathen und hatte besonders durch gründliche Durcharbeitung des ersten Buches, welches die allgemeinen ästhetischen Grundbegriffe geschichtlich entwickelt, über den gegenwärtigen Stand der ästhetischen Untersuchung mich unterrichtet. Hierbei war ich für die lotze'schen Anschauungen in allen wesentlichen Punkten so gewonnen worden, dass ich, als ich nun zur Lektüre des Werkes von Zimmermann überging, dessen völlig verschiedenen Standpunkt zunächst durch die von Lotze an vielen Stellen jenes ersten Buches gegen ihn geübte Kritik für durchaus widerlegt hielt. Der prinzipielle Gegensatz zwischen Zimmermann und Lotze und die von dem Letzteren mit Stetigkeit durchgefochtene Polemik lässt sich auf zwei Punkte zurück führen: erstlich rügt Lotze an jenem, (wie an Herbart) die ganz objective Fassung des Begriffs des Schönen, welche das epochemachende Verdienst Kants um die Aesthetik zum Theil in Frage stellt. In dieser Beziehung habe ich mich allerdings nicht bewogen gefühlt, mein erstes, Lotze durchaus beipflichtendes Urtheil zu ändern. Dagegen tadelt derselbe zweitens an Zimmermann, dass er als den Gegenstand des Schönen, als das, worüber das ästhetische (Gefühls-) Urtheil ergeht, nur die Form gelten lässt, während eine unbefangene Beobachtung des ästhetischen Seelenvorganges eine Mitbeziehung der betreffenden Gefühlserregung auf den Inhalt des schönen Gegenstandes als allein der Wirklichkeit entsprechend erkennt. Auch hierin war ich zuerst geneigt, mich gänzlich auf Lotze's Seite zu stellen, von der Macht des Theiles Wahrheit, den seine Polemik entschieden auch hier enthält, übermannt. Indess ein langes, immer wiederholtes Nachdenken, eine tiefer eindringende, zergliedernde Betrachtung des ästhetischen Urtheils hat meine anfängliche Hingenommenheit für jenen am Ende ernüchtert; ich glaube jetzt klar erkannt zu haben und überzeugend nachweisen zu können, dass und inwiefern Lotze's Kritik gegen Zimmermann in diesem Punkt nur zur Hälfte richtig ist, zur andern Hälfte aber über das Ziel hinausschiesst und ihren Urheber in Irrthümer verwickelt, die von ihm getadelten Zimmermann's formell sehr ähnlich sind und zu Gewicht um nichts nachstehen. So ist mir denn zugleich eine anerkennendere und damit, wie ich glaube, gerechtere Beurtheilung Zimmermann's möglich geworden, indem das Mangelhafte und Falsche an dessen Bestimmungen unter dem nun für richtig erkannten Gesichtspunkt als eine durch den scharfen Gegensatz gegen den entgegenstehenden Irrthum des anderen Extrems hervorgerufene Ueberspannung eines an sich richtigen Princips erscheint. Und mit alledem habe ich zugleich, wie ich hoffe, die Grundlagen für eine eigene zu bildende ästhetische Ueberzeugung gewonnen. Dass aber ohne eine solche, auf Grund der Kenntniss der ganzen geschichtlichen Entwickelung der bezüglichen Wissenschaft gewonnene Einsicht in dieselbe eine geschichtliche Frage wie die vorliegende mit erheblichem Erfolg nicht behandelt werden kann, leidet wohl keinen Zweifel.

Was den Plan meiner Arbeit angeht, so wird es nicht thunlich sein, einen zusammenfassenden Entwurf der baumgartenschen Aesthetik vor der Erörterung der einzelnen Momente in dem Verhältniss derselben zur leibnitzischen Philosophie vorauszuschicken, weil eine solche Art der Behandlung starke Wiederholungen unvermeidlich machen würde. Vielmehr ist es mir aus manchen Gründen zweckmässig erschienen, statt dessen eine knappe, aber doch nichts Wesentliches übergehende, an die eigenen Worte des Originals sich möglichst anschliessende Inhaltsangabe der beiden ästhetischen Schriften Alexander Gottlieb Baumgartens, die hier vor Allem in Betracht kommen, an die Spitze meiner Untersuchung zu stellen. Denn erstens bekomme ich so Gelegenheit, von dem nothwendigen Quellenstudium Rechenschaft und Beweis zu liefern, zweitens habe ich Grund zu hoffen, dass ich somit das Zutrauen zur Richtigkeit meiner Angaben und meiner Auffassung erhöhen werde; drittens kommt dabei manches zur Sprache, dessen Erwähnung, obwohl für die folgende Untersuchung höchst wünschenswerth, doch in dieselbe eingefügt deren Fortgang zu sehr aufhalten würde; endlich gehören diese zwei Bücher, jetzt wenigstens, doch auch zu denen, von welchen der Spruch gilt: *legimus aliqua ne legantur*. Es giebt aber meines Wissens noch keine wissenschaftliche Arbeit, die von dem Inhalt jener Schriften nicht bloss einzelne Brocken aufsischte, sondern ein einigermassen genügendes, anschauliches Bild gewährte. Und doch ist Baumgarten einer solchen Berücksichtigung vielleicht nicht minder würdig als Bodmer, Breitinger, Batteux und andere noch geringere, deren ästhetische Schriften in den Literaturgeschichten längst eingehende Behandlung erfahren haben. So ist, denke ich, auch eine solche Handwerkerarbeit nicht unverdienstlich. — Die Form beider Schriften ist freilich ebenso wenig anmuthig wie die fast aller übrigen Erzeugnisse der wolffischen Schule. Unter dem Scheine strengster, mathematischer Wissenschaftlichkeit, der durch endlose, mehrere Alphabete und alle möglichen Zahlenzeichen in Anspruch nehmende, unsäglich langweilige Eintheilung erreicht wird, erhalten wir in Wahrheit doch nur eine Masse mehr oder minder äusserlich und unsystematisch aneinandergereihten, mannigfachen Materials.

Deshalb hat die erste der beiden in Rede stehenden Arbeiten, die der Verfasser unter dem Titel „*meditationes philosophicae de nonnullis ad poema pertinentibus*" im September 1735 als Habilitationsschrift veröffentlichte, für den heutigen Leser von vornherein einen grossen Vorzug vor der andern, — den der Kürze. Sie ist aber auch für die Kenntniss der Genesis und Entwickelung der Aesthetik in Baumgarten's Geiste von grossem Interesse. Wir haben an ihr gleichsam seine Aesthetik *in nuce*, das Gerippe, das er später nur noch mit dem nöthigen oder für nöthig gehaltenen Fleisch überkleidete. So wird es denn auch hieraus ersichtlich, was sich freilich aus der Aesthetik selbst, wie sie vorliegt, klar genug ergiebt, dass dieselbe nicht etwa nur eine unter den Gemeinbegriff der Wissenschaft vom Schönen und von der Kunst mit untergeordneter Poetik enthält, sondern eigentlich nichts weiter als eine nur durch Titel und Vorrede als Aesthetik angekündigte Poetik ist. Bekanntlich wurde dies Baumgarten früh genug zum Vorwurf gemacht. Wenn aber Beispiels halber Mendelssohn, Gesammelte Schriften IV, 314, in dieser Hinsicht äussert: „man finde (in Baumgarten's Aesthetik) nichts anderes erwähnt als die Schönheit der Gedanken; der Figuren, Linien, Bewegungen, Töne und Farben werde mit keiner Silbe gedacht, und die Lehren und Grundsätze seien so vorgetragen, als wenn diese letzteren Schönheiten gar keinen Anspruch auf dieselben machen könnten", — so wird ein aufmerksamer Leser dies nicht als buchstäblich wahr anerkennen können. Ich erinnere mich bestimmt, dass Baumgarten wenigstens auf Malerei und Musik an mehreren Stellen seine Regeln ausdrücklich anbezieht. Aber freilich machen diese Erwähnungen nur den Eindruck, als sei der Verfasser des zu Anfang gegebenen, aber dann sofort vergessenen Versprechens, eine allgemeine Theorie des Schönen und der Kunst zu liefern, dann und wann auf einen kurzen Augenblick eingedenk geworden, ohne jedoch darum ernstlich irgend etwas für seine Erfüllung zu thun.

Baumgarten will in den *meditationes* nach der in § 2 vorausgeschickten kurzen Inhaltsangabe zunächst einige Definitionen geben, von dem Gedicht und verwandten Begriffen; sodann aber erstlich über die dichterischen Gedanken *(cogitationes poeticae)*, zweitens über deren (An-)Ordnung *(methodus poematis)* handeln, und drittens den poetischen Ausdruck, die poetische Bezeichnung, in genauere Erwägung ziehen *(ponderatio accuratior terminorum poeticorum)*. Ich mache darauf aufmerksam, wie diese Disposition mit der Eintheilung der theoretischen Aesthetik genau übereinstimmt *(aesthet. § 13)*. Baumgarten definiert nun das Gedicht als eine vollkommene sinnliche Rede[1] (§ 9), deren verschiedene Bestandtheile, — und zwar je mehr desto besser, — (§ 8) sich auf die Erkenntniss sinnlicher, d. i. durch den niederen Theil des Erkenntnissvermögens erworbener (§ 3) Vorstellungen beziehen; sodann die Poetik als den Inbegriff der auf die Anfertigung eines Gedichtes bezüglichen Regeln, und die *philosophia poetica* als die Wissenschaft von dieser Poetik. Die Bezeichnung „sinnliche Vorstellung" hat er nach der Analogie der schon bei Leibniz gebräuchlichen: „sinnliches Streben" *(appetitus sensitivus)* an Stelle des von ihm dafür geschaffenen Ausdrucks „verworrene Vorstellung" *(repraesentatio confusa)* sich gebildet (§ 3). Wenn nun unter den sinnlichen Vorstellungen die klaren vor den dunkeln als in höherem Grade dichterisch *(magis poëticae)* auszuzeichnen sind (§ 13. 15), so gehen hingegen die deutlichen Vorstellungen den Dichter als solchen nichts an (§ 14 a.).[2] Weil möglichste Bestimmtheit und Anschaulichkeit ein Hauptmerkmal der dichterischen Darstellung ist (§ 17 ff.), so wird der Gebrauch von Beispielen[3] (§ 22), ferner die Darstellung von gegenwärtigen Veränderungen des Darstellenden, (§ 24), besonders von Affekten (§ 25), und zwar in möglichster Stärke (§ 26), dem Dichter empfohlen, dagegen vor todten Phantasiegebilden gewarnt,

---

[1] Diese Definition wurde frühzeitig so missverstanden, als habe er gesagt, das Gedicht sei eine *oratio perfecta sensitiva*. Baumgarten wies diese üble Verdrehung schon in der Vorrede zur dritten Aufl. seiner Metaphysik 1749 entschieden zurück. Vergl. Danzel Gottsched, S. 721. f. Gleichwohl findet sich diese nicht blos schiefe sondern falsche Auffassung noch lange hin z. B. in J. A. Schlegel's Batteux, bei Manso, ja, in Herder's vierten krit. Wäldchen, und bei Mendelssohn, der jedoch später seinen Irrthum verbesserte, vergl. darüber A. Koberstein, a. a. O. S. 1230. a.

[2] *conceptuum distinctorum poesis ut extra suos circulos ascendentem non curat.*

[3] Hier citiert Baumgarten eine Stelle von Leibniz theod. II. p. 148.

(phantasmata mortua § 29). Vor der Malerei, mit der nach unserm Philosophen die Dichtkunst in mehreren Beziehungen übereinstimmt, giebt er dieser doch darum den Vorzug, weil sie nicht nur die Oberfläche (§ 39), sondern die ganze Beschaffenheit und die Bewegung der Gegenstände wiederzugeben im Stande ist[1] (§ 40), — auch ein Zeichen seiner noch unfertigen, in der Entwickelung befindlichen ästhetischen Ansicht. Dass Baumgarten auch hier schon, wie viel ausführlicher und erschöpfender dann in der *aesthetica*, einzelne Fähigkeiten des niederen Erkenntnissvermögens unterscheidet und ihre Bedeutung für die dichterische Thätigkeit erörtert *(vis imaginandi § 28 ff., memoria sensitiva § 42)*, verdient wohl betreffs des oben im Voraus dargelegten Verhältnisses der beiden Schriften zu einander Erwähnung. Hinsichtlich der Stellung, welche unser Autor, wie überhaupt in dem Entwickelungsgang der Aesthetik, so insbesondere zu dem damals sich vorbereitenden und dann immer schärfer sich zuspitzenden Gegensatz zwischen Gottsched und den Schweizer Aesthetikern einnimmt, ist von Interesse die Bedeutung, welche er schon hier wie später in der *aesthetica* dem Begriffe des Wunderbaren und der Verwendung der *miracula* in der Poesie zugesteht (§ 43—49. § 56). Die Verehrung der Züricher Gelehrten für Milton, sowie ihre begeisterte Aufnahme des Klopstockschen Messias, ferner die biblischen Epopoeen Bodmer's[2] und noch Wieland's („der geprüfte Abraham") fordern und finden bekanntermassen in dieser ästhetischen Meinung zum Theil ihre Erklärung oder Entschuldigung. Danzel hat gewiss Recht[3], wenn er schon in dieser Berührung zwischen Baumgarten und den Schweizern eine unmittelbare Einwirkung von den Schriften der Letzteren auf jenen erblickt, eine Annahme, die sich auch dadurch empfiehlt, dass die 1727 veröffentlichte Abhandlung der Schweizer „von dem Einflusse und dem Gebrauche der Einbildungskraft" Wolffen gewidmet ist die aber, weil sie nach Leibnizens gewöhnlicher Betrachtungsweise (vergl. Guhrauer, a. a. O. II, 359 ff.) von einer unästhetischen, stofflichen Auffassung des Schönen und der Kunst ausgeht, zu Baumgarten's ästhetischer Betrachtung gar nicht passt.

---

[1] *superficies tantum, non omnis situs ullusque motus repraesentatur in picturis.*

[2] vergl. Koberstein a. a. O. S. 1230 f.

[3] Gottsched u. seine Zeit, S. 723.

und also dem einzigen in Halle lebenden Wolffianer Baumgarten wohl sicher in die Hände kommen musste.¹) Uebrigens verleugnet letzterer doch auch in diesem Punkt nicht seine Wolffsche Schülerschaft und die ihm eigene Besonnenheit und Verständigkeit, indem er in der Anmerk. zu § 49 bei der Verwendung von Wundern den Dichter vor dem „degenerare in licentiam" warnt, weil die Natur nachzuahmen Hauptaufgabe desselben sei, die Natur aber mit den Wundern nichts zu schaffen habe (vergl. 109 ff.). Auf den Einfluss der eben erwähnten Züricher Schrift führt Danzel auch die unverhältnissmässige Ausführlichkeit zurück, mit welcher Baumgarten nun von der Einbildungskraft und ihrer Bedeutung für die Dichtkunst handelt. Er unterscheidet zunächst Einbildungen oder Erdichtungen im weiteren und im engeren Sinn, je nachdem ihre Objecte in der wirklichen Welt möglich oder unmöglich sind (§ 51). Die letzteren theilt er dann wieder in heterokosmische, welche nur in der wirklichen Welt, und in utopische, welche in allen möglichen Welten unmöglich sind (§ 52), einen inneren Widerspruch in sich tragen (§ 57) und so ihrer Unvorstellbarkeit halber von dem Gebiet des Dichterischen ausgeschlossen bleiben. Dies gilt nicht so unbedingt von den heterokosmischen Erdichtungen, die vielmehr in manchen Fällen zuzulassen sind, z. B. wo sie zur Förderung von Tugend und Frömmigkeit dienen, oder wenn man, um den Schein, sei es der Schmeichelei oder der Verspottung zu vermeiden, Beispiele nicht aus der neueren, sondern aus der vielfach unbestimmten alten Geschichte zu entnehmen sich genöthigt sieht (§ 58 Anm.). Doch mahnt er zur Vorsicht in ihrem Gebrauch, weil mit der zunehmenden Aufklärung und Verbreitung des gesunden Menschenverstandes (prolatis sanae rationis pomeriis) das Gebiet der erlaubten Erdichtungen immer kleiner werde. Hieran knüpft er die inhaltsschwere Lehre, dass der Dichter nach eines jeden Zeitalters Art und Anschauung sich richten müsse (aetatis cujusque notandi sunt sibi mores § 59 Anm.). Darauf folgen noch einige besondere Bemerkungen über die dichterische Verwendung der Weissagungen (§ 60—61).

Nachdem er so über Wesen und Beschaffenheit der dichterischen Gedanken oder Vorstellungen sich verbreitet hat, geht er

¹) Gottsched u. seine Zeit S. 167. 222.

nun § 65 zu den Vorschriften über die klare Anordnung derselben (de methodo lucida) und § 77 zu denen über den dichterischen Ausdruck über. Er empfiehlt hier den Gebrauch der Tropen, nur dass sie, im Uebermass angewendet, die Klarheit der Rede beeinträchtigen (§ 82), ferner der Metaphern (§ 83), der *synecdochici* (§ 84), der Allegorie als der durchgeführten Metapher (§ 85). Weil es Aufgabe des Dichters ist, das Urtheil der Sinne (*indicium sensuum § 92*) —, mit welchem Ausdruck Baumgarten das französische *le goût* wiedergeben will (§ 92 Anm.) —, zu erregen und zu erfreuen (§ 93. 95), so lehrt er denselben nach lautlicher Vollkommenheit, nach der *sonoritas*, „um mit Priscian zu reden", in allen Stücken trachten. Rhythmus (§ 101), Metrum (§ 103), Reim (§ 106) werden demnach im Folgenden als hierzu gehörig erörtert, auch des akrostichischen Buchstabenspiels und der Abfassung der Gedichte in die Form von kreuz-, birnen-, kegelförmigen und dergl. Figuren, deren jeder, der einmal die Poetik von Zesen aufgeschlagen hat, sich erinnern wird, kurz und mit leiser aber nicht verkennbarer Andeutung seines Missfallens darüber Erwähnung gethan. Im Gesang und Vortrag räth er Mässigung an. Nachdem er die Forderung der Naturgemässheit des Gedichts noch einmal betont und eine von der seinen nicht sehr verschiedene Definition desselben in Arnold's „Versuch einer systematischen Einleitung zur teutschen Poesie" kurz berücksichtigt hat, weist er zum Schlusse die Nützlichkeit und Nothwendigkeit einer neu zu gründenden Wissenschaft der Aesthetik nach. Dieser solle die Erforschung und Vervollkommnung des niederen Erkenntnissvermögens, welche eigentlich Aufgabe der Logik in weiterem Sinne wäre, überlassen werden, während man die Logik, nicht blos, wie Thümmig, factisch, sondern mit Bewusstsein und guten Gründen auf die Leitung des oberen Erkenntnissvermögens bei der Erkenntniss der Wahrheit beschränke (§ 115). In der Wahl des Namens für die neue Wissenschaft, die die allgemeine Rhetorik und Poetik als Theile unter sich befassen würde (§ 117), schliesst er sich an die Begriffsbestimmungen der griechischen Philosophen und der Kirchenväter an.

Wenn oben besonders die Aehnlichkeit dieser *meditationes* mit der *aesthetica* hervorgehoben worden ist, so dürften die erhehlichen Verschiedenheiten sich theils auf die grössere Gereiftheit des Verfassers, als er letzteres Werk schrieb, besonders aber auch auf den verschiedenen Charakter der beiden Schriften zurückführen lassen. Während nämlich die Habilitationsschrift, selbst formell, mehr den Eindruck einer vorbereitenden, allgemein orientirenden Untersuchung erweckt, wie sie ja an Ende auf die Aufstellung der Aesthetik als einer neuen Wissenschaft hinausläuft, so will dagegen das spätere Werk als eine eminent systematische, immer die psychologischen Grundlagen im Auge behaltende Arbeit angesehen sein. So werden die Folgen der Unterordnung und Geringschätzung der Aesthetik gegenüber der Logik in den *meditationes* noch nicht so fühlbar. Auch dürfte eine Stelle wie die, wo er die Erregung und Ergötzung des Geschmacks als Aufgabe des Dichters bezeichnet, sich so nicht in der *aesthetica* finden. Man spürt hier noch den Einfluss der Art und Weise, wie Engländer und Franzosen das aesthetische Problem behandelten; du Bos besonders, dessen direkte Einwirkung auf Baumgarten sich so gut wie feststellen lässt, fasst vor Allem das ästhetische Vergnügen in's Auge und sucht seine Gründe auf. Dagegen nimmt die durch die Ausländer zuerst angeregte deutsche Aesthetik, unter dem Einfluss der leibnitzischen Philosophie bald eine andere Wendung.

Ich gehe nun zur Inhaltsangabe der Aesthetica über. — Auch sie ist, wie alle Werke Baumgarten's, eine academische Schrift, aus Vorlesungen, zu denen er 1742, wie die Vorrede mittheilt, aufgefordert wurde, entstanden. Schon vor ihrem Erscheinen (Frankfurt a. O. 1750 u. 58) hatte der hallische Professor Meier, ein Schüler Baumgarten's, durch seine Anfangsgründe der schönen Wissenschaften, die er mit dessen Erlaubniss nach seinen Collegienheften ausgearbeitet hatte[1]) (1748), für die Verbreitung der baumgartenschen Lehre gesorgt. Danzel hat wohl Recht, wenn er der Sprache halber dem deutschen Buch vor dem lateinischen den Vorzug leichterer Verständlichkeit und deshalb grösserer Verbreitung zuschreibt. Dagegen wird man ihm, wenn er letzteres als „sehr kurz und abstrus

[1]) B. spricht sich in der Vorrede der Aesthetica vol. I. sehr günstig über die Arbeit Meier's aus.

gehalten" bezeichnet[1]), nicht leicht beistimmen; denn es misst in den zwei Partien, die noch dazu nur erst die kleinere Hälfte etwa des theoretischen Theiles erschöpfen, 6—700 Seiten. Dass es aber abstruser sei als andere lateinisch verfasste Schriften der wolffischen Schule und Baumgarten's selber, wird sich schwer beweisen lassen.

Baumgarten beginnt zuerst mit einer Erklärung der Aesthetik, oder Theorie der freien Künste, oder niederen Erkenntnisslehre, oder Kunst schön zu denken, oder Kunst des Analogons der Vernunft, welche letzteren Ausdrücke er alle als gleichbedeutend in Parenthese daneben setzt. Ich bemerke gleich hier kurz, — wovon später ausführlicher die Rede sein wird, — dass unser Autor, der nach seiner ganzen Entwicklung und seinen eigentlichen Absichten die Aesthetik nur im Sinne einer Lehre vom Schönen und von der Kunst behandeln konnte und wollte, doch in Folge irriger Auffassung dieser letzteren Begriffe sie an eine Stelle im System setzte, welche zu ihrer Ausfüllung vielmehr eine Lehre von der Anschauung und Erfahrung, eine Art inductiver Logik verlangte. Baumgarten kam hierüber zwar nicht zum klaren Bewusstsein, aber die Folgen dieses Missgriffs und dieser Sachlage machen sich doch wenigstens in den ersten, grundlegenden Paragraphen seiner Aesthetik bemerklich, indem sich ihre Auslassungen bald auf die von Baumgarten beabsichtigte, bald auf die von uns an jener Stelle des Systems erwartete (Erfahrungs-)Wissenschaft beziehen.

Die Aesthetik wird definirt als Wissenschaft der niederen Erkenntniss (§ 1). Die der wissenschaftlichen Ausbildung noch entbehrende Naturstufe der niederen Erkenntnissvermögen bezeichnet er als „natürliche Aesthetik", und theilt diese nach der von der natürlichen Logik entnommenen Analogie in die angeborene (*connata aesthetica, ingenium pulcrum connatum*) und die erworbene (*acquisita*) (§ 2). Dann verbreitet er sich über den Nutzen, den die neue Wissenschaft gewähre. (§ 3.) Von den fünf Punkten aber, die er in dieser Hinsicht zusammenstellt, beziehen sich zum wenigsten der erste und der letzte, in welchem er sogar eine grössere Geschicktheit für's gemeine Leben als Frucht der Aesthetik in Aussicht stellt, nicht auf

[1]) a. a. O. S. 214.

die Lehre vom Schönen, sondern auf die von der Sinnlichkeit und Anschauung. Interessant sind die Einwürfe, die er dann selbst seiner neuen Wissenschaft entgegenstellt und widerlegt, in kurzer und oft naiver Weise. Ob auch immer treffend, wie Zimmermann sagt, mag dahingestellt bleiben. Nur einiges Wichtige hebe ich heraus. So weist er den Einwurf, die Aesthetik sei einerlei mit der Poetik und Rhetorik, ab mit der Erklärung: „sie sei von grösserem Umfang und gebe Regeln für diese und andere Künste" (§ 5). Ferner lässt er sich einwenden (§ 6): „das Sinnliche, die Phantasiegebilde, Märchen, Leidenschaften seien des Philosophen unwürdig und unter ihrem Horizont." Dagegen erwidert er: Der Philosoph sei Mensch unter Menschen und dürfe einem so bedeutenden Theil menschlicher Erkenntniss nicht fremd bleiben; ausserdem aber gründe sich jener Einwurf auf eine Vermischung der allgemeinen Theorie des schönen Denkens mit der praktischen Ausübung. Dass die Verworrenheit den Irrthum erzeugt, giebt er zu, fügt aber die von Leibnitz entnommene Behauptung hinzu, dass sie zugleich nothwendige Vorbedingung der Auffindung der Wahrheit sei, weil die Natur keinen Sprung von der Dunkelheit zur Deutlichkeit mache, sondern aus der Nacht nur durch die Dämmerung hindurch die Tageshelle erwachse (§ 7). Obgleich die deutliche Erkenntniss vorzüglicher sei, so erhebe sich der endliche Geist doch nur in den wichtigeren Dingen zu derselben, und übrigens zwecke die Aesthetik eben durch deutliche Erkenntniss von Regeln auf die Vervollkommnung des schönen Denkens und am letzten Ende auf vollkommenere Deutlichkeit ab (§ 8). Die Aesthetik ist keine Fertigkeit, sondern eine auf bestimmte, von der Psychologie entlehnte Principien gegründete Wissenschaft (§ 10). Obwohl die Aesthetiker wie die Dichter nicht gemacht, sondern geboren werden, so trägt doch eine theoretische Ausbildung zu ihrer Vervollkommnung bei (§ 11).

Gleichwie die Logik, ihre ältere Schwester, wird dann auch die Aesthetik eingetheilt in die theoretische oder allgemeine, und in die praktische oder besondere, angewandte. Erstere zerfällt in drei Theile, welche, wie schon oben bemerkt worden ist, vollkommen der Anlage der *meditationes* entsprechen: der erste, die Heuristik, handelt von den schönen Gegenständen,

ferner die Methodologie von den klaren Anordnungen und drittens die Semiotik vom Ausdruck der schön erfundenen und geordneten Gedanken (§ 13). Es ist ein merkwürdiger Irrthum, der nicht gerade auf sorgfältige Kenntnissnahme der beiden Baumgarten'schen Schriften schliessen lassen dürfte, wenn Zimmermann die Methodologie und Semiotik dem praktischen Theil unterordnet. Uebrigens mache ich darauf aufmerksam, dass der praktische Theil nach Baumgarten's Absichten nicht eine allgemeine Kunstlehre, auf welche vielmehr der theoretische Theil, wenigstens dem Namen nach, hinausläuft, sondern besondere Anweisungen für die einzelnen Künste enthalten sollte. Sonst könnte man, da Baumgarten unter dem *aestheticus* sowohl den, der über die Kunst philosophirt und Vorschriften ertheilt, als den Künstler versteht (§ 27 ff.), auch meinen, die praktische Aesthetik beziehe sich auf die Ausübung der Kunst. Als Zweck der Aesthetik bezeichnet Baumgarten die Vollkommenheit der sinnlichen Erkenntniss als solcher, d. i. die Schönheit, wogegen vor der Hässlichkeit als der Unvollkommenheit der sinnlichen Erkenntniss als solcher der Aesthetiker sich hüten muss (§ 14). Vollkommenheiten (oder Unvollkommenheiten,) die der menschlichen Wahrnehmung sich entziehen oder vom Verstand erkannt werden, gehen demnach jene nichts an (§ 15 u. 16). Die sittliche oder unsittliche Qualität des Inhalts hat mit der in der Form beruhenden, sinnlich erscheinenden Schönheit nichts zu schaffen, „vielmehr kann das an sich Schlechte schön, Gutes hässlich gedacht werden" (§ 18). Vollkommenheit ist bei Baumgarten wie bei Wolff Einheit, Uebereinstimmung des Mannigfaltigen. Hiernach, und zusammengehalten mit den drei Gesichtspunkten, unter welchen Baumgarten überhaupt ein Kunstwerk (genauer eine Dichtung,) betrachtete und die er bei der Eintheilung seiner theoretischen Aesthetik zu Grunde legte, wird die Schönheit aller sinnlichen Erkenntniss bestehen in einer wahrnehmbaren Uebereinstimmung (*consensus phaenomenon*) I. der Vorstellungen, II. der Ordnung, und III. des Ausdrucks oder der Zeichen unter sich und unter einander zur Einheit[1]). Wie Zimmermann

---

[1]) *consensus cogitationum, ordinis, significationis, ... inter se ad unum* § 15. 19. 20. — Zimmermann hat diese 3 Paragraphen wörtlich mitgetheilt, als ob sie von ganz besonderer Wichtigkeit für das Verständniss

gelegentlich eines Resumés aus dem bisher Behandelten an sechster Stelle daraus auch die Meinung Baumgarten's ableiten kann, „der wahre Zweck der Schönheit bestehe darin, Verlangen, oder, weil wir nur Augenschmaus verlangen, Vergnügen zu erregen", — dafür ist mir die Berechtigung nicht ersichtlich, vielmehr muss ich es auf Rechnung seiner Phantasie schreiben.

Baumgarten geht nun dazu über, die Bedingungen zusammenzustellen, welche zum Zustandekommen des Schönen erforderlich sind, und zwar lässt er sich zunächst in der zweiten Section über die Eigenthümlichkeiten und die natürlichen Anlagen des „glücklichen Aesthetikers" eines Weiteren vernehmen. Dieser bedarf nämlich nothwendig als Grundlage für den später hinzutretenden *cultus disciplinalis* (§ 2) der theoretischen Aesthetik, der *aesthetica naturalis conata*. Hiermit aber wird ihm a) ein *ingenium venustum et elegans connatum* zugesprochen, welches Baumgarten wieder in eine zweifache Reihe von Fähigkeiten zerlegt, nämlich A) in die niederen Erkenntnissvermögen und deren natürliche Anlagen, worunter er scharfe Sinne, Einbildungskraft, Gedächtniss, dichterische Anlage,[1] feinen Geschmack, Sprachgewalt und Gaben des Vortrags u. s. w. aufzählt; B) in die höheren Erkenntnissvermögen, insofern nämlich α) Verstand und Vernunft durch die Herrschaft der Seele über sich selbst oft zur Erregung der niederen Erkenntnissvermögen beitragen, β) auch allein oft deren *consensus* und die *apta pulchritudini proportio* zu Wege bringen, und γ) die Schönheit des Verstandes und der Vernunft eine natürliche Folge grosser Lobhaftigkeit des Analogons der Vernunft ist. b) besitzt der „geborene Aesthetiker" ein *temperamentum aestheticum connatum*, welches ihn veranlasst, nur auf würdige Gegenstände seine Erkenntniss zu richten, eine angeborene Grossheit des Geistes, (*magnitudo pectoris conata*), welche nur auf das Bedeutende unter dem Erstrebenswerthen ihn sein Augenmerk

der baumgartenschen Aesthetik wären, obgleich sie doch nur eine detaillierte Anwendung von § 14 bringen und für den, der die *meditationes* kennt, sich von selbst verstehen.

[1] „Die dichterische Anlage muss in so hohem Mass vorhanden sein, dass sie einer sehr ausgezeichneten Klasse der praktischen Aesthetiker den Namen Dichter verschafft hat. Doch darf auch sie die übrigen nicht überwuchern."

richten lässt. Zu diesen von der Natur verliehenen, angeborenen Gaben muss sich nun aber eine fleissige ästhetische Uebung (*exercitatio aesthetica*) gesellen, damit man so sich allmählich einen *habitus pulcre cogitandi* erwerbe. Hierüber verbreitet sich der dritte Abschnitt, in dessen Einzelheiten einzugehen ich mir versage. Nur das Eine will ich erwähnen, dass hier (§ 54) die wichtige Stelle über die Musik am Schluss von Leibnitzen's *principes de la nature et de la grace*, über die später genauer zu reden ist, angezogen wird. Dass jedoch Baumgarten deren tiefen, bedeutsamen Inhalt wirklich erfasst und verstanden habe, davon ist freilich nichts zu spüren. Uebrigens hat schon von diesem Abschnitt an das Werk gar nicht mehr den Charakter einer theoretischen Untersuchung über das Wesen des Schönen und der Kunst, sondern es schlägt völlig in eine praktische Unterweisung für den Künstler, — und zwar in Wirklichkeit nur für den Dichter, — um.

Während der dritte Abschnitt von der praktischen Uebung handelte, so der folgende von der wissenschaftlichen Unterweisung und Ausbildung des „Aesthetikers" (*disciplina aesthetica*). Der Verfasser betont hier, (wie in der Folge oft,) noch einmal ausdrücklich, dass nur die Vollkommenheit „*in pulcre meditandis phaenomenon*" von dem „*aestheticus*" zu erstreben sei. Wir dürfen uns deshalb dadurch, dass er zuerst zu dem letzteren nothwendige Kenntnis der Gegenstände (§ 63), und danach die Unterweisung über die Form der schönen Erkenntniss für dieh bespricht, nicht zu der Ansicht verleiten lassen, als habe hier Baumgarten dennoch inconsequenter Weise „eine Mitwirkung des begrifflichen Inhalts zum Zustandekommen der Schönheit angenommen. In der That muss doch der Künstler mit den Gegenständen der Darstellung vertraut sein, wenn dieselbe nicht unwahr werden soll. Dahin erklärt sich auch Baumgarten selbst, wenn er sagt: „*neque tamen aestheticum polyhistora postulamus vel pansophum, sed (peritum) tantum in ea pulcre cognitionis specie, in qua quis excellere cogitat.*"[1] § 70 ff. erörtert Baumgarten die Gründe weshalb eine allgemeine *ars aesthetica* mit deutlichen Regeln *a priori* nothwendig sei (§ 74). Es würde sonst nämlich in

[1] § 67.

den besonderen Kunstlehren ein *ulterius principium* fehlen, aus dem die Specialregeln abgeleitet werden könnten. Abgesehen von den durch fleissige Uebung und wissenschaftliche Unterweisung geförderten und gehobenen natürlichen Anlagen, über die im Vorigen gesprochen worden ist, sind noch besondere, augenblickliche Zustände und Stimmungen des „aestheticus" für die Hervorbringung des Schönen von grosser Bedeutung. So ist denn der fünfte Abschnitt der künstlerischen Begeisterung, dem *impetus aestheticus (puterа mentis incitatio inflammatioque, exstasis, furor)* gewidmet. Neben einigen guten Bemerkungen finden sich hier doch auch recht seltsame, die vorzüglich geeignet sind, den Abstand zwischen der damaligen ästhetischen Erkenntniss und der heutigen uns vor Augen zu führen. Zum Beispiel empfiehlt der Autor schnelles Reiten als ein Mittel zur Steigerung der künstlerischen Begeisterung und ist nicht abgeneigt, in diesem Sinne das mythologische Dichterross, den Pegasus, zu deuten *(hinc forte pegasus hippocrenen reclulens § 81)*. Deshalb, sagt er, anstünden auch so viele Gedichte auf Reisen. Ferner diene ein mässiger Schluck guten Weines und für die *casti aesthetici* die Gegenwart eines schönen Mädchens dazu, die dichterische Ader in Fluss zu bringen. Der folgende Abschnitt handelt von der wiederholten Durcharbeitung und Nachbesserung der Gedichte *(correctio aesthetica, lima, labor, mora)*, und der nächstfolgende beseitigt einige Missverständnisse, zu welchen die hier ertheilten Lehren Anlass geben konnten. Wichtig ist § 104, weil auf ihn diejenigen Gelehrten sich berufen, welche gegen Baumgarten den Vorwurf erheben, dass er der Kunst den Nerv der Idealität unterbunden und sie auf die handwerksmässige Nachahmung der platten Wirklichkeit beschränkt habe (Ritter, Zimmermann, Schasler). Schwerlich kann jemand, als sie auf den besagten Paragraphen diesen Tadel stützten, von dessen Inhalt mehr gegenwärtig gewesen sein als die Schlussworte: „*naturam imitare*," die sie auch alle citiren. Doch hiervon später mehr. Die folgenden Abschnitte enthalten ausführliche Erörterungen über die künstlerische Fülle, den ästhetischen Reichthum *(ubertas)*. Und zwar wird hierüber zuerst im Allgemeinen gesprochen *(sectio VIII)*, dann im Besondern von der Fülle des Stoffs *(ubertas materiae sect. IX)*. Auch wird der *topica* gedacht, als der Kunst, einen bestimmten Gegenstand nach der Ordnung der ihm anhaftenden Merkmale sich in's Gedächtniss zurückzurufen, wobei man an die Chrienform und dergleichen sich erinnern muss. Ferner ist die Rede von der *ubertas personae*, sofern auch die Individualität des Künstlers für die Breite oder Knappheit der Darstellung massgebend ist. Von der Forderung der *brevitas absoluta* oder *rotunda* (§ 166), welche jedem einzelnen Theil des Kunstwerks nur so viel *venustas* zu geben verstattet als das Ganze verträgt, wird unterschieden die der *brevitas relativa*, welche nach dem jedesmaligen Umständen sich richtet.

Weiter wird lange Abschnitte hindurch über die *magnitudo aesthetica* gehandelt, ein Ausdruck, den ich nach dem zum zweiten Abschnitt Bemerkten nicht weiter zu erklären brauche. D. unterscheidet zunächst in *absoluta* und *relativa*, *naturalis* und *moralis*. Letztere, die er wie an der deutschen Kunst insbesondere rühmen zu müssen glaubt[1]) (§ 187), nennt er auch *dignitas aesthetica*. Die Forderung derselben bedeutet, dass die schöne Darstellung, sofern sie ihrem Gegenstand angemessen ist, nicht nur nicht zum Schaden, sondern schliesslich zum Nutzen der Tugend und des Sittlichen ausschlagen müsse (§ 182). Denen, welche eine solche Anforderung an das Schöne und die Kunst etwa zu rigoros finden möchten, giebt er zu bedenken, dass eine mittelbare, stillschweigende Moral mit offener, ausdrücklicher Parnäetik nicht zu verwechseln sei (§ 188). Noch theilt er die *dignitas in obiectiva* und *subiectiva* ein, sofern sie bald in den darzustellenden Gegenständen, bald in der Individualität des *aestheticus* vornehmlich ihren Grund habe. *Sectio XVI u. XVII* erörtern die absolute und relative *magnitudo materiae*. § 204 setzt fest, dass unter bestimmten Bedingungen auch schlechte Handlungen und Charaktere dem „*udere cogitaturus*" eine „*grandis materia*" darbieten können. § 217 unterscheidet drei Stufen der *dignitas*, der *mores laudabiles*: a) *simpliciter honesta vivendi ratio*, b) *mores vivendique ratio nobilis*, c) *heroica virtus vivendique ratio singulari cum maiestate coniuncta*. Es muss auffallen, dass der Autor, obwohl er immer wieder einschärft, nur insofern er erscheine, in Bezug also auf seine Form, könne von der Schönheit eines Gegenstandes

---

[1]) vergl. auch besonders § 408.

die Rede sein¹), doch hier gesondert von der *magnitudo cogitationis*, d. i. der Darstellung, und der *magnitudo materiae* redet (sect. *XVIII — XXIII*). Er führt zwei besonders häufige Hauptgebrechen der künstlerischen Darstellung in ihrem Verhältniss zur *magnitudo materiae* genauer vor Augen: a) das Zurückbleiben der Darstellung hinter, b) das Hinausgehen derselben über die Grösse der Objecte, $\beta\acute{a}\vartheta o \varsigma$, und *tumor* (§ 217 ff.) Dem stellt er die Forderung eines *satis magnum genus cogitandi* gegenüber, welches er in den drei Kategorien des *tenue, medium, sublime dicendi genus* specialisiert. In Abschnitt 23 geht die Besprechung über zu den sogenannten *argumenta augentia*, deren Begriff und Sinn er dahin bestimmt: *„ut congruentem cum cogitandis magnitudinem cogitationibus nostris concilient."* Von ihnen sondert er als fehlerhaft ab die *argumenta meteora* oder *tumoris* und die *argumenta deprimentia* oder $\beta\acute{a}\vartheta o \nu \varsigma$. Dagegen rechnet er die *extenuantia*, i. e. *invitantia ad minorem cogitandorum magnitudinem mente formandorum* den *augentia* zu. Aehnlich wie er von der *ubertas materiae* die *ubertas personae* unterschied, so nun auch von der *magnitudo obiectiva* die *magnitudo personae* oder *gravitas et magnanimitas aesthetica* (§ 352), der er eine sehr ausführliche Behandlung zu Theil werden lässt. Er warnt zunächst vor ihrer Ueberspannung, sowohl in stoische Selbstgenügsamkeit und Finsterkeit, als zu ihrem extremen Gegentheil, der *levitas absoluta*. „Wahre aesthetische Seelengrösse" wird, weil allem Schwulst und aller niedrigen Denkweise gleich feind, immer den rechten, dem Gegenstand angemessenen Ausdruck zu finden wissen. Sie erhebt sich nicht zu Höherem als ihre Kräfte gestatten, vorfällt nicht in *tumor*, noch auch in $\beta\acute{a}\vartheta o \varsigma$. In den meisten Fällen wird diese *magnanimitas* auf der niederen oder mittleren Stufe einer *simplex honestas* stehen, nur höchst selten findet sich die *magnanimitas in aestheticis genere maxima*, das hohe Genie, das eines majestätischen Ausdrucks der Dinge fähig und beflissen ist (§ 391). Er schreibt demselben eine Unterscheidungskraft von gleichsam mathematischer Deutlichkeit zu (§ 401). „Die Deutschen besitzen diese *gravitas* im Ganzen in viel höherem Grade als die Franzosen"; letzteren sei mehr die *gracilitas* eigen, welche jüngst in einem Menschen

---

¹) *quatenus phaenomenon fiat*, § 207. 211.

(*hominicio*), für den er keine passende Bezeichnung finde, in das *vile cogitandi genus gravissima* sich verstiegen habe, die Leiden Jesu in Spottversen zu verlästern. Baumgarten hätte, um aesthetisch gerecht zu urtheilen, hier vielleicht sich dessen erinnern müssen, was er oben über die *argumenta extenuantia* sagte. — Als Zügel, dessen die grössten Geister vorzüglich bedürftig seien, empfiehlt er ihnen vor Allem den christlichen Glauben, und schildert zuletzt völlige, ruhige Harmonie der Seelenkräfte als ihren gewöhnlichen Zustand (§ 416).

Der ganze Rest des ersten Theiles handelt von der *veritas aesthetica*, d. h. von der Wahrheit, soweit sie sinnlich erkennbar sei, eine Bestimmung, die zunächst noch weiter ausgeführt und genauer begrenzt wird. Die Forderung der ästhetischen Wahrheit enthält in sich auch die der Möglichkeit der schön vorzustellenden Gegenstände; es darf in diesen nicht *aliquid notarum sibi invicem contradicentium* von den Sinnen und von dem Analogon der Vernunft wahrgenommen werden (§ 431). Alle Möglichkeit aber, also auch die in der ästhetischen Wahrheit, fordert Einheit, Untrennbarkeit der Merkmale, und zwar der inneren sowohl, — d. i. Einheit der Handlung, — als auch der äusseren, — d. i. Einheit des Orts und der Zeit (439). Die Nichtübereinstimmung einer Vorstellung, einer Erscheinung mit dem wirklichen Wesen des Gegenstandes, soweit sie sinnlich wahrnehmbar ist *(si sint ipsi analogo rationis perspicua mendacia)*, macht die *falsitas aesthetica* aus (§ 445). Letztere braucht mit der *falsitas logica* (§ 449) nicht immer nothwendig verbunden zu sein, nämlich dann nicht, wenn denen, für welche das Dichtwerk bestimmt ist, wegen des Orts, Alters, der Umstände halber die *falsitas logica* nicht erkennbar ist. Dagegen sind Traumbilder und Fabelwelten *(somnia, mundi fabulosi)*, welche entweder dem *analogon rationis* selbst Widersprechendes vorstellen oder die Vernunft und den Verstand der Zuschauer zu grob verletzen, aus dem Gebiet des Schönen zu verweisen (§ 456). Der *aestheticus* hat sich eine *dynamometria analogi rationis naturalis et moralis* anzueignen. Die Vernunft kann dem *analogon rationis* in der Aufdeckung und Verwerfung des Unerlaubten, Unfrommen, Unehrbaren, Unanständigen zu Hülfe kommen (§ 464). Was in dieser wirklichen Welt nicht war, nicht ist, nicht sein wird, ist unbedingt falsch; also gehören auch Anachronismen und sachliche historische Unrichtigkeiten (*ἀναχρονισμοί*), sofern sie dem analogon rationis erkennbar sind, wie überhaupt das Heterokosmische, in das Gebiet dieser verwerflichen *falsitas aesthetica* (§ 471. 474). Das Mass von Wirklichkeit, welches dem Künstler zur Pflicht zu machen ist, normirt sich nach dem Inhalt des allgemeinen Bewusstseins Derer, für welche das Kunstwerk bestimmt ist (§ 476). Oft genug aber muss oder darf statt der *veritas* die *verisimilitudo aesthetica* dem Künstler genügen; auch hier soll ihm der Inhalt des allgemeinen Bewusstseins Derer, für die er sein Kunstwerk berechnet, als Massstab gelten[1]) (§ 496 cf. 496). Von den „Erdichtungen", auf deren aesthetische Bedeutung Baumgarten nun zu sprechen kommt, werden besonders die heterokosmischen ausführlich erörtert, welche nach den dem Künstler und seinem Publikum bekannten Umständen und nach dem festen Verhältniss von Grund und Folge in der wirklichen Welt keine Stelle haben, wohl aber in einer andern hätten schön oder hässlich sein können. Er nennt sie poetische, weil ihr Erfinder gleichsam eine neue Welt schafft (§ 511), und versteht unter „der Dichterwelt" *(mundus poëtarum)* den hergebrachten, von den meisten Schöngeistern als dichterischen Apparat angenommenen Vorrath von solchen Erdichtungen (§ 513). Soweit dieselben aller metaphysischen Wahrheit entbehren, dem luftigen Boden einer utopischen Fabelwelt entstammen, erklärt er sich energisch gegen ihre ästhetische Anwendbarkeit (§ 514). Unter Andern trifft sein verurtheilender Spott diejenigen, welche noch jetzt die Possen griechischer und römischer Mythologie in künstlerischer Darstellung verwerthen, oder auch in die christliche Dogmatik dergleichen „*nugae*" einmischen (!) § 515. Wie Letzteres in der Aesthetik zur Sprache kommen kann, wird kaum einer begreifen. Uebrigens findet sich hier noch eine Reihe trefflicher ästhetischer Bemerkungen, z. B. dass eine zu keiner den Zuhörern bekannten Partie der Dichterwelt gehörige oder passende poetische Fiktion, *ut recte nihilominus tale stare debeat satisque punctorum ferre*, durch um so ausgezeichnetere innere Wahrscheinlichkeit, besondere Ordnung, Harmonie der Aufeinanderfolge u. s. w. diesen Mangel

---

[1]) *necessitas verisimilitudinis pro exacte cognita veritate amplectendae aesthetica erit, ... quando iam est nonnulla in spectatorum animis anticipatio etc.* ...

ersetzen müsse (§ 518). Auf der anderen Seite aber erwähne ich als charakteristisch für den damaligen aesthetischen Standpunkt, dass der Verfasser es für nöthig hält, sich gegen den etwaigen Vorwurf, „er definire, erkläre, distinguire, ja empfehle sogar zum Theil Erdichtungen, also Lügen", hier ausdrücklich zu vertheidigen, und zwar, indem er entgegnet: „er verzweifele daran, das Volk vom Gebrauch falscher Worte abzubringen" (§ 504), und indem er schliesslich zu einem Ausspruch des heiligen Augustinus seine Zuflucht nimmt (525). Er spricht hierauf in dem 32. Abschnitt von den *fabulae* und ihrer ästhetischen Verwendung zu Beispielen, ferner von der heterokosmischen Wahrscheinlichkeit (§ 530 ff.), und kommt sodann, ganz nach Analogie der Behandlung der *magnitudo aesthetica*, zu den *argumenta probantia*, deren einzige oder wenigstens vorzügliche Bedeutung ist: „*exhibere cogitandis et quasi circumdare pulcram verisimilitudinem*" (sect. XXV).

Bei der grossen Masse des ästhetischen Stoffes bedarf es nach Baumgarten eines ausserordentlichen *studium veritatis aestheticum*, über das er in den folgenden, letzten drei Abschnitten des ersten Bandes sich ergeht. Dieses Streben nämlich erreicht sein Ziel immer nur in beschränktem Masse. Denn wegen des unendlich grossen *defectus* der *veritas summa logica*, wegen des aller menschlichen *veritas aestheticologica* anhaftenden *malum metaphysicum* muss sich auch der wahrheitsliebendste Geist mit einem unendlich kleinen Theil der ästheticologischen Wahrheit begnügen (§ 557). Jedenfalls aber kann sich das menschliche Streben nach Wahrheit weder auf die formale, begriffliche, noch auf die materiale Einzelerkenntniss beschränken ohne Schädigung beider; vielmehr nur beides im Verein giebt relativ vollkommene Erkenntniss, die immer nothwendig Vergnügen und Verlangen *(appetio)* mit sich bringt (§ 558). Und zwar theilen sich die menschlichen Erkenntnissvermögen in diese Doppelaufgabe so, dass der Verstand und „die reinere Vernunft" sich auf die Erforschung der formalen Wahrheit beschränkt, dagegen ihre Leistung durch die Erkenntniss der materiell vollkommenen Einzelwahrheit zu ergänzen, dem Analogon der Vernunft und dem sinnlichen Vermögen überlässt. Wichtig ist hier § 561 u. 563, weil B. in denselben offener (als § 557) mit dem für seinen Standpunkt eigentlich ein schweres Problem bildenden Hässlichen sich zu thun macht. Der *aestheticus* (hier im allgemeinsten Sinn) sieht sich nämlich erfahrungsmässig ausser Stande, die sinnliche Vorstellung immer zu der ideell zu fordernden höchsten Vollendung zu erheben (§ 564). Für den Künstler tritt hier die Nothwendigkeit ein, die Merkmale *(notae)*, welche die Gesetze der Schönheit nicht gestatten, bei Seite zu lassen und der *veritas materialiter perfectior* die *amabilior forma verisimilitudinis* vorzuziehen (§ 565). Das *studium veritatis aestheticae* äussert sich nach der dreifachen Art von Wahrheiten und den drei Stufen materialer Vollkommenheit (*a. generalia, b. actualia huius mundi, c. heterocosmica*) dreifach, nämlich a) in dem *genus cogitandi scientificum et formaliter philosophicum* verwechselt, woraus dann der doppelte Fehler sich ergiebt: einmal, auch bei der Wissenschaft alles auf schönen Klang zu geben, (§ 575 u. 579.) zweitens auch den Idioten gegenüber die strenge Wissenschaftlichkeit herauszukehren (567). Deshalb wird der Unterschied beider im Folgenden näher bestimmt (§ 569 ff.), wobei sich ergiebt, dass die logische Erkenntniss allerdings geeignet ist, dem *aestheticodogmaticum cogitandi genus* erwünschte Handreichung zu thun (§ 571 u. 573). Nie aber wird das *studium veritatis* in *aestheticodogmaticis* und in *aestheticohistoricis*, obwohl es vom Utopischen und Heterokosmischen sich fern hält, die Grenze der dogmatischen und historischen Wahrscheinlichkeit überschreiten, weil es sonst aus dem ästhetischen Gebiet heraus in das der distincten Erkenntnisse fiele (§ 577, 584). Endlich im letzten Abschnitt werden, zunächst im Anschluss an § 566, die Fälle, in welchen das *poeticum cogitandi genus* am Platz ist, verzeichnet. Es zeigt sich, dass die poetische Wahrscheinlichkeit eher der dogmatischen als der historischen Wahrheit ähnelt, insofern die Geschichte auf das Einzelne, besondere, die Poesie auf das Allgemeine ausgeht (§ 556). Nun werden auch Kriterien zur Beurtheilung der poetischen Erdichtungen aufgestellt: man müsse jedes Mal fragen, a) ob durch die Rücksicht auf die poetische Schönheit die Erdichtung vollkommen gerechtfertigt, b) ob ihr Widerspruch gegen die beste Welt nicht grösser als nothwendig sei (§ 589, 591, 595); c) ob sie an bekannte Regionen der „Dichterwelt" anknüpfe, oder d) das utopische Gebiet der letzteren berühre oder betrete, und zwar in für das *analogon rationis* bemerkbarer Weise (§ 597 cf. 456). So zieht er in letzterer Hinsicht die Allegorien der Voltaire'schen Henriade dem sonst vielfach üblichen dichterischen Gebrauch der antiken Mythologie bei Weitem vor und lobt Milton, weil er diesen Fehler durchaus vermieden habe. Man bemerke auch hier die offene Berührung mit den Schweizer Kritikern (§ 600). Ferner verlangt Baumgarten, an eine Vorschrift des Aristoteles anknüpfend, dass der Dichter, wenn er einmal in den *mundus poeticus* sich begiebt, nun auch consequent sei und nicht in die beste Welt beliebig übergehe.

Der kleinere, zweite Band, über den ich nur noch wenige kurze Bemerkungen hinzufüge, behandelt in gleicher Weise, wie der erste die *ubertas, magnitudo, veritas*, nun auch die *claritas* oder *lux aesthetica*, worunter die sinnliche Deutlichkeit der Gegenstände, ihre Bestimmtheit durch die Menge der Merkmale verstanden wird (§ 618). Gefordert wird hier ein *naturalis nitor*, zu dessen Wahrnehmung die natürlichen Geistesgaben ausreichen, der zu den dargestellten Gegenständen passt und „der natürlichen Fassungsgabe, dem Horizont, Geist, Genius, ja gleichsam den Augen des Publikums" angemessen ist. Dagegen gewarnt wird vor dem *fucus*, dem falschen Schein, dem „Affen des natürlichen Glanzes" (§ 626). Sodann wird auch in dieser Beziehung der Unterschied zwischen streng wissenschaftlicher und künstlerischer Darstellung dargelegt (§ 629). Von dem Gegensatz der *claritas*, von der *obscuritas*, handelt Abschnitt 38, die beiden folgenden von der *umbra aesthetica*, wobei eine *iusta lucis et umbrae dispensatio* empfohlen wird. Weiter giebt unser Philosoph dann noch über die *colores aesthetici* (sect. 41) über den *fucus aestheticus* (§ 688), über die *argumenta illustrantia* (sect. 43), über die wichtigsten Redefiguren (wie die *comparatio maioris et minoris*, die *antithesis*, die *comparatio strictius dicta*, sect. 44—46), über die Tropen (sect. 47) und endlich über die sogenannte *thaumaturgia aesthetica* eine mehr oder minder ausführliche Auseinandersetzung. Mit letzterem Ausdruck will er die Kunst bezeichnen, durch Neuheit zu reizen und Verwunderung *(admiratio — novitatis intuitus cf. meditat.* § 43) und damit Neugier und Aufmerksamkeit zu erwecken, welche zur lebhafteren,

„glänzenderen" Vorstellung eines Gegenstandes beiträgt (§ 808). Als fünftes Moment der Schönheit der Darstellung betrachtet Baumgarten endlich die sinnliche Gewissheit (*certitudo sensitiva*), will sagen: das auch von dem *analogon rationis* festzuhaltende Bewusstsein der Wahrheit oder Wahrscheinlichkeit, die ästhetische Ueberzeugung. Hierüber handelt von sect. 19 an der Rest des zweiten Bandes. Sein Werk aber weiter fortzuführen und zu Ende zu bringen wurde der Verfasser durch schwere Krankheit und schliesslich durch den Tod gehindert.

Froh aufathmend, dass ich endlich am Ziele dieses ein Kind des neunzehnten Jahrhunderts durchaus nicht anmuthenden, wahrlich eher mit Dornen und Gestrüpp als mit Rosen bewachsenen Weges durch die beiden ästhetischen Schriften Baumgartens angelangt bin, und in der guten Zuversicht, mir für die folgende Untersuchung doch hiermit eine solide Grundlage gesichert zu haben, wende ich mich nun zu der eigentlichen Aufgabe: was Baumgarten, der sogenannte Vater der deutschen Aesthetik, bei der Begründung dieser Wissenschaft Leibniz zu verdanken gehabt habe, im Einzelnen darzulegen, und auf diese Weise auch die Bedeutung des Letzteren selbst für die Geschichte der Aesthetik in's Licht zu stellen. Und zwar will ich zunächst, also in zweiten Haupttheil meiner ganzen Abhandlung, der Belebung und Förderung gedenken, die im Allgemeinen für die ästhetische Untersuchung und Disciplin von Leibniz ausging und, wie den anderen Aesthetikern der Zeit, auch Baumgarten zu Gute kam.

Die Frage, was das Schöne sei, war in frühen Zeiten Gegenstand des menschlichen Nachdenkens geworden. Auch die griechischen Philosophen hatten sich dieselbe vorgelegt und waren die Antwort darauf nicht schuldig geblieben. Namentlich hatte Plato zuerst die unter dem Begriff des Schönen und der Kunst befassten Erscheinungen in grösserem Zusammenhange der philosophischen Erörterung unterzogen, weshalb Eduard Müller in seiner „Geschichte der Theorie der Kunst bei den Alten" für ihn den Namen des Vaters der Aesthetik mit Beschlag belegt, was aber nur in dem angegebenen Sinne seine Berechtigung hat. Denn das Schöne in seinem besonderen Wesen, in seiner specifischen Eigenthümlichkeit klar zu erfassen, das Gebiet des Aesthetischen von den übrigen Bethätigungen des menschlichen Geistes reinlich zu scheiden und abzugrenzen, dazu ist weder er noch sein grösserer Schüler Aristoteles fortgeschritten. Immer wird das Schöne wieder mit dem Guten, dem Wahren verwechselt, immer erhält es eine sittliche Beimischung, wird zusammengefasst mit dem Schicklichen oder dem καλοκαγαθόν, und die Betrachtung und Beurtheilung der Kunst und der Künste wird überwiegend von ihrem Wesen fremden, ethischen Gesichtspunkten geleitet.

Im Mittelalter aber war das Interesse für das Schöne und für die Erforschung seiner Gründe völlig erstorben. Denn an die Stelle des Bewusstseins der Einheit von Geist und Materie, Sittlichem und Natürlichem in der Antike war jetzt ein scharfer Zwiespalt der beiden Momente getreten, der sich praktisch wie theoretisch in unbedingter Geringschätzung der Materie, in einer entschieden feindseligen Stellung des Geistes gegen die Natur, in einer Unterdrückung alles dessen, was mit letzterer zusammenhängt, äusserte. Ihren deutlichsten Ausdruck fand diese Thatsache in den nicht gerade richtig und passend so genannten montanistischen Bewegungen.[1] Deren Grundsätze hat die alle Elemente der damaligen culturgeschichtlichen Entwicklung allmählich in sich zusammenfassende katholische Kirche in sich aufgenommen freilich mit Bewahrung der von Anfang geübten, von Ferd. Christian Baur[2] in seinem „Christenthum der drei ersten Jahrhunderte" so treffend charakterisierten Taktik, ein Princip zwar äusserlich zu behaupten, in der That aber durch Capitulation mit den Gegensätzen dieselben zum Schweigen zu bringen. Indess wurde grundsätzlich doch die „fleischliche Neigung" und, als solche, auch das Bedürfniss des Schönen unterdrückt, alle Freude an der Sinnlichkeit als schlechte, verwerfliche Weltlichkeit dem Geistlichen

---

[1] Montanus war nur einer der montanistischen Propheten, neben und vor Maximilla und Priscilla vergl. Ferd. Christ. Baur, das Christenthum der 3 ersten Jahrh., Tübingen 1860. S. 245. oder desselben Abhandlung: Das Wesen des Montanismus nach den neuesten Forschungen. Tüb. theol. Jahrbb. 1851. S. 538 ff.

[2] S. 293: ... Die römischen Bischöfe leuchten schon damals auf dem Weg ein, auf welchem sie es in der Folge in der Theorie und Praxis so gut verstanden, die Kirche und die Welt Hand in Hand mit einander gehen zu lassen", vergl. auch 288. 496 ff. 504. 506. — Besonders bezeichnend ist die römische Politik in der Ehefrage.

zum Opfer gebracht.¹) Die kurze Blüthe der deutschen Dichtung am Ende des 12ten und am Anfang des 13ten Jahrhunderts, deren Gründe ich hier nicht erörtern kann, wie nicht im Stande zu wissenschaftlicher Betrachtung des Schönen zu führen, auch nicht die an die Auferstehung der antiken Wissenschaft und Kunst am Ende des Mittelalters sich anschliessende Kunstblüthe; diese zwar wohl nicht deshalb, weil sich mit ihrem Höhepunkt der darstellbare Inhalt nicht erschöpfte, vielmehr die völlige Erschöpfung erst abzuwarten war," so dass die im achtzehnten Jahrhundert auflebende Aesthetik eben als die Frucht dieser Entwicklung anzusehen wäre, — wie Max Schasler meint,²) — sondern weil sogleich die gewaltige Aufgabe der kirchlichen und socialen Reformation alle Geister erfüllte und alle Köpfe und Kräfte in Anspruch nahm, danach aber die Leiden des endlosen Religionskrieges geistige Rohheit und Verwilderung erzeugten. Die Kunst der Renaissance artete am Ende in völlige Unnatur und Geschmacklosigkeit aus im Rococo, „dem Katzenjammer der Renaissance", wie Riehl sich ausdrückt.³) So kann es uns denn nicht Wunder nehmen, wenn die Philosophie, in der dieser geschichtliche Entwicklungsgang sich wiederspiegelt, die gleichsam den geistigen Ertrag desselben darstellt, — wenn insbesondere auch die philosophischen Systeme, die den in der grossen Reformation auf allen Culturgebieten endgültig durchgesetzten Bruch mit dem Mittelalter nun wissenschaftlich vollzogen, das Schöne und die Kunst nicht in den Kreis ihrer Betrachtung zogen. Und nicht genug, dass sie dem ästhetischen Interesse und der ästhetischen Untersuchung keine positiven Impulse gaben, — sie nahmen zu den

---
¹) vergl. hierzu auch Max Schasler, a. a. O. S. 259 ff.
²) Er tadelt diejenigen, welche eine gleichzeitige Entwicklung der künstlerischen Production und der ästhetischen Kritik im 18ten Jahrhundert annehmen. Natürlich, wer alles nach der Schablone zuschneidet, der spannt, was nicht passen will, in's Prokrustesbett. Die Kunst der Renaissancezeit war doch vor allem bildende Kunst: dagegen geht ja doch die auflebende ästhetische Untersuchung des 18. Jahrh. notorisch auf die Poesie.
³) Inwiefern eine geistlose Nachahmung und Uebertreibung der Eigenthümlichkeit Michel Angelo's zur Ueberführung dieses Kunststils beitrug, hat Hermann Grimm in seinem interessanten, lehrreichen „Leben Michel Angelo's" klar gezeigt.

selben sogar ein negatives Verhältniss ein und legten ihrer Wiedererweckung und ihrer Verknüpfung mit dem Ganzen wissenschaftlicher Forschung entschiedene Hindernisse in den Weg.

Wie nämlich die Reformation nach kurzem, gewaltigem Aufschwung in ihrem Kampfe um die Freiheit des Geistes zum guten Theil durch die Schuld derer,¹) welche bisher die Spitze der revolutionären Bewegung gebildet hatten, auf der Hälfte des Weges stehen geblieben war; wie, um mit Erdmann zu reden, an die kurze Zeit des Protestes und der Negation gegen das Bestehende auf staatlichem, kirchlichem, socialem Gebiet bald die positive Thätigkeit des Neubaus, eine organisirende, das Recht der Persönlichkeit, die Freiheit des Individuums nach antiker Art zu Gunsten des Ganzen beschränkende und drückende Periode sich anschloss: dem entsprechend charakterisiert auch jene Philosophien im Verein mit einer entschiedenen Tendenz auf das All, auf das Ganze, die Nichtbeachtung und Hintenansetzung des Einzelnen, des Individuellen. „Es sind Substantialitätssysteme, in welchen Wahrheit und Werth nur dem beigelegt wird, worin das Einzelwesen als in seiner Substanz wurzelt."²) Am entschiedensten ist dieser Typus der Philosophie Spinoza's aufgeprägt: gegründet auf den Begriff der Einen Substanz sieht diese in allen einzelnen Wesen nichts als deren vorübergehende Modificationen. Gott, das All-Eine, ist das einzige, wahre und beständige Wesen der Dinge, diese selbst unselbständig und kraftlos, wie die Tropfen gegenüber dem Ocean, die verschiedenen Töne einer Panflöte gegenüber dem Einen Luftstrom, der das gesammte Flötenspiel durchdringt. Dagegen hatte Des Cartes allerdings eine unendliche Vielheit von Substanzen behauptet; damit trat er, wie Leibnitz sagt, „in die Antichambre der Philosophie";³) aber darin blieb er, denn jene bilden bei ihm zwei durch die entgegengesetzten Attribute der Ausdehnung und des Denkens sich ausschliessende

---
¹) Wie namentlich Luther, sobald andere ihm die Führerschaft der reformatorischen Bewegung streitig zu machen schienen, der Reaction sich zuwendet (1525 im Abendmahlstreit), hat unter anderen auch F. Ch. Baur im 4ten Band seiner Kirchengeschichte unnachahmlich dargestellt.
²) Joh. Ed. Erdmann, Grundriss der Geschichte der Phil. Berlin 1866. II, S. 6 ff.
³) Leibnitz, réponse aux réflexions, in den opp. phil., S. 142* vergl. K. Fischer, a. a. O. S. 114 Anm.

Reihen, und der zur Ueberbrückung dieser Kluft eingeführte occasionalistische Hilfsbegriff des beständigen Wunders führt in seinen Consequenzen zum Spinozismus. Auch giebt der Unterschied der Substanzen Des Cartes gerade nur soweit wie ihr Gegensatz: innerhalb sowohl der Geisterwelt als der Körperwelt giebt es nicht wesentliche sondern nur accidentielle Verschiedenheiten. Des Cartes kennt keine Individualitäten sondern nur Modalitäten desselben Attributs: die Formen der Körper sind nur zufällige Gestaltungen der mechanisch bewegten Materie. Auch für die Atomistik eines Gassendi und Hobbes waren die Formenunterschiede, war die Mannigfaltigkeit eigenthümlichen Daseins nur eine zufällige, grundlose und deshalb gleichgiltige Thatsache. Es fehlte ihren materiellen, ausgedehnten, theilbaren, nur quantitativ verschiedenen Atomen die Quelle individueller Eigenthümlichkeit, das Prinzip selbstthätiger Unterscheidung. Durch diese Nicht(be)achtung aber der eigenthümlichen Besonderheit, diese Gleichgiltigkeit gegen die Formen der Dinge wurde dem Sinn für das Schöne sein Nerv unterbunden, wurde das ästhetische Interesse in seinem Ursprung erstickt. So lange diese materialistischen Systeme [1] die Zeitbildung beherrschten, war das Aufkommen der Aesthetik unmöglich. Denn ohne Form keine Schönheit, ohne Formbegriff keine Aesthetik. Indem nun Leibnitz gegen Spinoza mit Des Cartes und den Atomisten eine unendliche Vielheit der Substanzen, gegen Des Cartes Dualismus aber mit den Atomisten „die Einmüthigkeit" derselben, endlich gegen Spinoza und die gesammte, sei es cartesianische, sei es atomistische Corpuscularphilosophie vom Begriff der Kraft ausgehend ihre Geistigkeit (Immaterialität,) Untheilbarkeit, Einfachheit behauptet, die Dinge im Verhältniss zu ihren Formen als thätige Subjekte, die Formen im Verhältniss zu den Dingen als nothwendige Attribute oder substanzielle Beschaffenheiten fasst [2]; indem er, um es kurz zu sagen, den Formbegriff von neuem entdeckt [3] und auf

---

[1] Dies sind als im Gegensatz zu dem Formalismus des Plato, Aristoteles, der Scholastiker und endlich Leibnitzens.

[2] Weshalb er auch die Theorien der Metempsychose und der Education verwarf. — *formes substancielles, système nouveau de la nature. Erdm. op. phil. S. 121. auch S 277 f. S. 158. vergl. Kuno Fischer, a. a. O. S. 98.*

[3] Kuno Fischer, a. a. O. S. 116.

ihn seine Methaphysik aufbaut, hat er den fruchtbaren Boden
geschaffen, aus welchem das lebhafte ästhetische Interesse der
deutschen Aufklärung entspriessen konnte, den Grund gelegt,
der für die Entwickelung der Aesthetik im 18ten Jahrhundert
die nothwendige Vorbedingung war, ohne den dieselbe ebenso
unmöglich als unbegreiflich erscheinen müsste.[1]) Wenn wir
also oben um den Namen eines Vaters der Aesthetik überhaupt
Baumgarten mit Plato im Streit fanden, so dürfte bezüglich
der deutschen Aesthetik allein schon dieses grundlegenden Gedankens wegen Leibnitzen etwa die Grossvaterschaft zugeschrieben werden. Je mehr von den Geschichtschreibern der
Aesthetik dieser Punkt unerwähnt gelassen ist, je mehr er
vielleicht auch von denen, die meine specielle Aufgabe behandeln, unberücksichtigt bleiben dürfte, um so energischer glaube
ich ihn gerade hervorheben zu müssen.

Ich komme nun zu einem zweiten Punkt, in welchem Leibnitz sich um die Entstehung der deutschen Aesthetik entschei-
dendes Verdienst erworben hat, der freilich mit dem vorigen
in engem Zusammenhang, in einem derartigen Wechselverhält-
nisse steht, dass der eine dem andern ruft. Der Körperform
als objectivem, metaphysischem Begriff entspricht die Anschauung als subjectiver, psychologischer. (Der Terminus „Erscheinung" dürfte in die Mitte zwischen diese beiden fallen.) Mit
ersterem fehlte der vorleibnitzischen Philosophie eines Des Cartes
und Spinoza selbstverständlich auch der letztere. Beide glaub-
ten durch das Attribut des Denkens, das begrifflichen Erkennens, des bewussten Vorstellens, das Wesen des Geistes, der von
ihnen (wie freilich auch noch von Leibnitz) für bloss intel-
lectuell angesehen wurde, vollständig ausgesprochen zu haben.[2])
Wenn nun Leibnitz auf Grund seines aus einer physikalischen
Entdeckung abgeleiteten Princips der Monade oder des Formbegriffs Des Cartes Gegensatz von Geist und Körper vermittelt
und zu einem sekundären Unterschied herabgesetzt, wenn er
Spinoza's *modi* Selbständigkeit verliehen, den Corpuskeln der

---

[1]) Ebend S. 117: „ohne diesen Verstand für die eigenthümlichen
Formen der Dinge, begründet im Geiste der Metaphysik, würde sich
schwerlich im Geiste der Aesthetik der Verstand für die eigenthümlichen
Formen der Kunst zu dem Scharfsinn eines Lessing entwickelt haben."

[2]) Kuno Fischer, a. a. O. S. 296.

Atomisten lebendigen Odem eingeblasen hatte; so musste sich dieser Fortschritt in der Metaphysik natürlicher Weise auch eine Bereicherung der Psychologie über ihren bisherigen Bestand hinaus gesellen. Dieser Anforderung zu entsprechen, zwischen Denken und Anschauung, zwischen Geist und Natur die kleinste Entfernung und die unendlich kleine Differenz, die einem continuierlichen Zusammenhang gleichkommt, in der wirklichen Welt aufzuzeigen, gelang Leibnitz durch seine auf der damaligen Stufe geistiger Entwicklung höchst geniale psychologische Entdeckung[1]) der „kleinen, unbewussten Vorstellungen, *perceptions petites, insensibles*,‟ eine Entdeckung, über deren Wichtigkeit er selber nach jener berühmten Stelle des *avant-propos* der *nouveaux essais sur l'entendement humain*, die Kuno Fischer zum Motto seines Werks gewählt hat, das klarste Bewusstsein hatte. Dass nun aber auch dieser Fortschritt der Erkenntniss für die Begründung der Aesthetik als einer selbständigen, von der Ethik gesonderten Disciplin nicht zu entbehren war, leuchtet ein. Ich habe über diesen Punkt, der hier in seiner ungemeinen Bedeutung für die Entwicklung der Aesthetik im 18ten Jahrhundert überhaupt hervorzuheben war, unten bei der speciellen Auseinandersetzung des Verhältnisses Baumgartens als des Begründers der deutschen Aesthetik zu Leibnitz noch ausführlicher zu handeln.

Indem ich endlich Leibnitzens bedeutenden Einfluss auf die Entstehung der genannten deutschen Aesthetik und somit auch auf Baumgarten noch in einer dritten Beziehung an's Licht stelle, auf die zuerst aufmerksam gemacht zu haben Danzel's Verdienst ist, wird man finden, dass es im Grunde wiederum dieselbe Sache ist, die auch den eben besprochenen zwei Punkten zu Grunde lag, nur von einer neuen Seite beleuchtet.

Wenn man fragt, worum es sich in dem Streit zwischen Gottsched und den Schweizern, der gegen die Mitte des 18ten Jahrhunderts hin mit immer zunehmender Erbitterung geführt wurde, am letzten Ende gehandelt habe, so wird man als den Springpunkt des Gegensatzes, der in jenem Streit zum Austrag kam, etwa Folgendes bezeichnen können: der Standpunkt Gottsched's, als des direkten Nachfolgers von Opitz, war der

[1]) a. a. O. 272 ff. 296.

rein praktische, die deutsche Dichtkunst und Literatur hervorzurufen und zu bilden, dagegen der seiner Gegner ein theoretischer. Jenen konnzeichnet bei seinem Bestreben ein hartnäckiges und einseitiges Drängen auf die Regel, als durch welche er glaubte die Dichtung machen zu können. Die Schweizer leugneten zwar nicht, dass die Regel gut und nothwendig sei, aber sie betonten daneben und darüber die Einbildungskraft als den lebendigen Quell des Schönen und der Kunst. Dieser Gegensatz zu Gottsched verleitete diesen zu dem Missverständniss, sie wollten wieder die Regellosigkeit in der deutschen Dichtung geltend machen. Sein dem entsprechendes Verhalten aber veranlasste nun andererseits bei seinen Gegnern den Irrthum, er wolle, dass Dichtung in der Regel bestehe; und „so machten sie ihn", wie Danzel[1]) sagt, „zu dem dummen Kerl, für den er auf ihre Autorität hin bis jetzt gegolten hat." In Wahrheit nämlich leugnete Gottsched durchaus nicht die Nothwendigkeit eines Elementes der Einbildungskraft, der Anschauung, zum Zustandekommen eines poetischen Werkes, aber freilich betrachtete er dies Element nur als ein Gebiet des rohen Stoffes, dem die schöne Form bloss durch die Bearbeitung von Seiten des Verstandes mitgetheilt werden könne. Die Regeln der Dichtkunst sollten sich aus der Vernunft selbst ergeben. Von eigenen Gesetzen jener niederen Region im Erkenntnissvermögen wusste er nichts. Von weit höherer Bedeutung war die „*vera dires*" der Einbildungskraft den Schweizern; sie sahen in ihr das, was vorzüglich den Dichter mache, worin auch allein die Gesetze des Schönen und der Kunst enthalten seien. Nicht die Vernunft giebt ihr, sondern sie selbst giebt sich Regeln, die von

[1]) Aus Danzel's „Gottsched" habe ich überhaupt die einzelnen Züge dieser Darstellung entnommen. Er hat die früheren Auffassungen von Manso und Gervinus einer gründlichen Revision unterzogen. Auch Koberstein schliesst sich genau an ihn an. — Ein viel ungünstigeres Urtheil hat über Danzel's Arbeit Löbell in dem Buch: die Entwicklung der deutschen Poesie von Klopstock's erstem Auftreten bis zu Göthe's Tode Bd. I 1856 S. 132 ff. Indem, wenn man auch in Bezug auf manches Aeusserliche, wie zum Beispiel die Schreibart Danzels, seiner Meinung beistimmen muss, so habe ich doch im Ganzen und betreff des Wesentlichen derselben mich anzuschliessen, vor der Hand nicht veranlasst gefunden.

jener dann nur nachconstruiert und zur Deutlichkeit erhoben werden.[1]

Fragen wir aber, wem die Schweizer bei diesem wichtigen wissenschaftlichen Fortschritt über Gottsched hinaus etwa zu Dank verpflichtet gewesen seien, so lassen sie selbst darüber uns keinen Augenblick im Zweifel, indem sie in dem Briefwechsel von der Natur des poetischen Geschmacks, (von welchem sich bei Danzel a. a. O. S. 224 ff. Auszüge finden,) „den grössten Philosophen von Deutschland, Herrn Leibnitz", als denjenigen bezeichnen, der „durch das von ihm erfundene *systema harmoniae praestabilitae*" „das mechanische" (spizische, gottschedische!) „*systema* der Wohlredenheit," welches „durch das mechanische *systema* der cartesianischen Philosophie unterstützt und befestigt worden", zu Fall gebracht habe. Dass mit dem Uebergang zur leibnitzischen Philosophie der Aufschwung der Schweizer, die früher mit Gottsched im besten Einvernehmen gestanden hatten und von ihm selbst als Gesinnungsgenossen betrachtet worden waren, zu der Höhe ihrer späteren ästhetischen Erkenntniss im engsten Zusammenhang steht, lässt auch schon äusserlich sich daraus abnehmen, dass, während die „Discourse der Mahlern" (sic!) 1721 noch im „cartesianischen Stylo" geschrieben sind, die erste epochemachende, das Bewusstsein neu errungener Erkenntniss an der Stirn tragende Schrift vom Gebrauch der Einbildungskraft 1727 Wolff, dem Nachfolger Leibnitzens, zugeeignet ist. Ja, aber auch ganz ausdrücklich und im Besondern haben die Schweizer für ihre Behauptung der Autonomie des poetischen Genies und der selbständigen Bedeutung der Einbildungskraft gegenüber dem Verstand an Leibnitz sich angelehnt, indem sie, — was ich wieder aus Danzel entnehme, — einer Aeusserung desselben über Shaftesbury, die Gottsched in einer Anmerkung zu seiner Kritik des oben erwähnten „Briefwechsels" als ein Zeugniss der Uebereinstimmung des grossen Philosophen mit seiner eigenen Ansicht in Anspruch genommen hatte, in den „Nachrichten vom Ursprunge der Kritik" S. 172 eine Auslegung gaben, nach welcher derselbe vielmehr als Gegner Gottsched's völlig im Sinne der Schweizer erschien.

[1] vergl. Bodmer's Vorrede zur Breitingerschen Poetik, bei Danzel a. a. O. 209.

An die Schweizer aber nun hat die baumgartensche Aesthetik in der Weise angeknüpft, dass sie nach Danzel's Ausdruck geradezu als die Wahrheit von deren ästhetischen Bestrebungen angesehen werden muss. In manchen Beziehungen folgten beide freilich auch schon älteren Vorgängern: so ist es für sie gewiss gleich anregend gewesen, dass schon 1725 der Wolffianer Georg Bernhard Bilfinger[1] in seinen *dilucidationes philosophicae* auf eine „Logik der Einbildungskraft", die dem Dichter sehr nützlich werden könnte, hingewiesen hatte. Die Einsicht Baumgarten's aber, dass das Schöne seine eigenen, aus der Vernunft nicht ableitbaren Gesetze habe, näher seine Annahme einer *aesthetica naturalis connata*, in welcher alle Regeln der Kunst, nur nicht in wissenschaftlicher Deutlichkeit, enthalten seien, der die Aesthetik dieselben nur zu entnehmen und nachzuconstruiren habe, — die hat er sicher den Schriften Bodmer's und Breitinger's vornehmlich zu verdanken, wie denn auch die einzige Stelle, die er von Breitinger wörtlich und namentlich citiert,[2] gerade darauf sich bezieht, dass der Dichter geboren werde. Dass weiter die (Dicht-)Kunst eine besondere Sphäre bilde, dass das Schöne ein eigenthümliches Gebiet im menschlichen Geiste besitze, das hatten die Schweizer zwar mit Bestimmtheit nicht ausgesprochen,[3] aber es war von ihren Auseinandersetzungen die einfache, von selbst in die Augen springende Consequenz. Diese mit aller nur wünschenswerthen Deutlichkeit gezeigt und in's klare Licht gestellt zu haben, ist eben das Verdienst Baumgarten's, und zugleich „das Grundaperçu", der gesunde Kern seiner Aesthetik überhaupt. Man sieht demnach, wie die ganze, mit immer steigender Lebhaftigkeit geführte ästhetische Untersuchung des 18ten Jahrhunderts von Leibnitzens mächtigem Geiste gestützt und getragen, von seinen Gedanken erfüllt und durchathmet ist, wie auch alle die Knäule, die von verschiedenen Seiten her in Baumgarten's Aesthetik zusammenflossen, für eine nähere Betrachtung als in der leibnitzischen Philosophie entspringend sich ergeben.

[1] Ueber die Schreibung seines Namens wie über den Mann selbst siehe Erdmann, Versuch einer wissenschaftl. Darst. etc. II, 2. S. 369 ff. Baumgarten bezieht sich auf § 268 der *dilucidat.* in der *aesthetica* § 11.
[2] *aesthet.* § 11 citiert „Breitinger, vom Gleichniss S. 60."
[3] Danzel, a. a. O. S. 226.

Dies mag über die mehr mittelbaren Zusammenhänge unsers Aesthetikers mit Leibnitz, über die Einwirkungen mehr allgemeiner Art, derethalben er mit seiner Zeit demselben zu Dank verpflichtet war, genügen. Es hat sich bei dieser Erörterung zugleich die günstige Gelegenheit geboten, die geschichtliche Stellung, die Baumgarten's Werk zu den nächsten Vorgängern und zu den Mitforschenden in der in Rede stehenden Disciplin einnimmt, etwas näher zu veranschaulichen, und somit zum Verständniss seiner wahren Bedeutung überhaupt und zur Bestimmung des Sinnes, in welchem der Ruhm eines Begründers der deutschen Aesthetik mit Recht ihm zugesprochen werden darf, beizutragen.

Denn Baumgarten in dem Sinn an die Spitze unserer modernen Aesthetik zu stellen, als gähne vor ihm das Chaos, das wäre allerdings grundfalsch, und ich möchte wohl wünschen, dass Lotze in seiner ausgezeichneten Geschichte der deutschen Aesthetik auch der blossen Möglichkeit dieses Missverständnisses durch die Aufnahme einer etwas genaueren Darstellung der Genesis Baumgarten's in den Rahmen seines Werkes vorgebeugt hätte. Es ist bekannt, wie viel zur Lösung jedes wissenschaftlichen Problems schon auf die richtige Fragestellung ankommt: sieht man zu, wer um die Aesthetik sich dieses Verdienst erworben hat, so wird man auch über die Schweizer hinaus noch in die Vergangenheit zurückgewiesen. Als in der Neuzeit das Interesse für das Schöne und die künstlerische Production wieder lebendiger zu werden begann, galt zunächst der Geschmack der Alten, der in der Renaissancezeit herrschend geworden war, für den einzigen Massstab aller ästhetischen Beurtheilung. „Schön ist, was die Alten dafür gehalten haben", das war das Feldgeschrei, welches in allen Poetiken und Rhetoriken, in allen im weiteren Sinn ästhetischen Auslassungen jener Zeit widerhallte. Gegen ein mit so grosser Einseitigkeit behauptetes Princip musste aber nothwendig eine Reaction sich erheben. Es entspann sich der Streit über den Vorzug der Alten und der Neuen, der wenigstens in Frankreich frischen Muthes zu Gunsten der Letzteren entschieden wurde. Er hatte aber, abgesehen von seinem nächsten Anlass und Gegenstand noch andere, wichtigere Folgen, indem tiefere, schärfer blickende Köpfe während seines Verlaufes gewahr wurden, wie man sich bisher allgemein in dem Cirkel bewegt habe, das Gefallen von den Gesetzen des Schönen abhängig machen zu wollen, diese Gesetze aber wiederum nach dem zu bestimmen, was gefiel. Aus dieser Wahrnehmung aber erschloss sich ihnen die Einsicht, dass man zu einer anderen Fragestellung fortschreiten müsse, dass man nicht mehr darüber forschen müsse, was schön sei, sondern warum etwas schön sei, oder was das Schöne sei. Unter denen, die, wie bei den Deutschen die Schweizer in ihrem Streit gegen Gottsched, so bei Engländern und Franzosen schon in einer früheren Zeit diesen Uebergang von dem praktischen zum theoretischen Standpunkt in der Aesthetik vollzogen und der entsprechenden deutschen Bewegung einen directen Impuls gaben, sind Addison und Du Bos[1]) vornehmlich zu nennen. Ihr Verdienst ist es also, zuerst den richtigen Begriff von der Aufgabe der ästhetischen Wissenschaft gefasst zu haben. Aber die ästhetische Wissenschaft selber gleichsam als ein neues, eigenthümliches Reich entdeckt, in die Landkarte des philosophischen Systems eingetragen, mit bestimmten Grenzen umschrieben zu haben, dieser Ruhm bleibt Baumgarten, und er wird ihm auch nicht geschmälert durch den nun in meinem dritten Haupttheil zu führenden Nachweis, dass nicht bloss im Allgemeinen, sondern auch fast in allen einzelnen und besonderen Punkten wir auf Leibnitz zurückgewiesen worden als auf den Geist, der etwa um ein halb Jahrhundert früher mit der baumgartenschen Aesthetik schwanger ging, ja gleichsam mit ihr kreiste (*gros de l'avenir*). Denn wenn er auch auf Vorgängern fusst und in ihnen seine geschichtliche Erklärung findet, „so nimmt ein bedeutender Mann das Bedeutendste doch immer aus sich selbst."

Gleich „die festen psychologischen Principien", auf welchen den Bau seiner Aesthetik errichten zu können Baumgarten sich freute (*medit.* § 115), hat Leibnitz geschaffen. — Es ist oben schon erwähnt worden, von welcher Wichtigkeit für die aus dem Gesetz der Analogie, d. i. der grösstmöglichen Einförmigkeit, und dem Gesetz der Continuität, d. i. der grösstmöglichen Mannigfaltigkeit, sich zusammensetzende Harmonie der Welt,

---

[1]) vergl. Danzel, a. a. O. 212. wie auch zum Vorhergehenden überhaupt.

die den höchsten Gedanken der leibnitzischen Kosmologie bildet, seine psychologische Entdeckung der kleinen oder bewusstlosen Vorstellungen im menschlichen Geiste war. Wie die Weltordnung sich zusammensetzt aus einer continuierlichen, unendlichen Stufenreihe von Monaden, die in ihren Kräften und Handlungen zwar vollkommen übereinstimmen, aber graduell alle von einander verschieden sind, weil jede einzelne Monade als Mikrokosmos den Makrokosmos in sich widerspiegelt; deshalb kann auch der menschliche Geist, der vor allen übrigen irdischen Wesen durch das Bewusstsein, durch die Anlage zur Vernunfteinsicht, zur Erkenntniss der Ursachen, ausgezeichnet ist, nicht durch eine Kluft von den übrigen Wesen nach unten und nach oben hin geschieden sein. Es gilt und es muss möglich sein, zwischen dem Thier als der ihm nächsten Monade nach unten hin und zwischen dem Menschen die kleinste Differenz zu finden, denn sonst bestände ein *defaut d'ordre*, ein metaphysisches vacuum (ein *vacuum formarum*), wodurch die Vollkommenheit der Welt aufgehoben würde. Und nicht nur die Principien der Metaphysik fordern die Annahme eben jener kleinen oder unbewussten Vorstellungen, sondern auch die Thatsachen der Pneumatik (der Physik) lassen sich nur mit ihrer Zuhilfenahme erklären. Denn die vernunftgemässe Erkenntniss der Dinge, zu welcher die bewusste Vorstellung der Welt und seiner selbst am Ende den Menschen erhebt, besteht in ewigen, nothwendigen Wahrheiten, welche nur unter der Voraussetzung von angeborenen Ideen denkbar sind. Diese aber können nach Massgabe unbestrittener Erfahrung nur bewusstlose Vorstellungen sein. Ferner, wenn man auch absicht von dem Gesetz der Metaphysik, nach welchem die Kräfte in steter Thätigkeit sind, also auch die vorstellende Kraft der menschlichen Seele stets neue Vorstellungen erzeugen müsste, so verlangen doch rein an sich die bewussten Vorstellungen das Vorangehen von unbewussten, weil sie sonst aus nichts folgen, unbegründet und unerklärlich sein würden. In eine Anzahl psychologischer Beobachtungen zeigt klar das Auftauchen der bewussten Vorstellungen aus den unbewussten und ihr Untertauchen in dieselben, wie die Thatsache der Träume, ferner das Gefühl beim Erwachen, dass eine bestimmte Zeit verflossen sei, vornehmlich auch das Erwachen mit Vorstellungen

überhaupt. Auch begleitet ja selbst den tiefsten Schlaf immer eine wenn auch schwache Empfindung der Aussenwelt. Ferner gehört hierher nach Leibnitz der Schlaf im Wachen, die Zerstreuung, die Gewohnheit, das Naturell u. s. w. Eine Lücke in der Vorstellungsreihe der menschlichen Seele, ein psychisches *vacuum* ist also ebenso wenig möglich als ein metaphysisches. Der bewusste Geist sieht aber die Vorstellungen gleichsam im Verhältniss der Perspektive: je näher ein Bild, um so klarer, je entfernter, um so kleiner und undeutlicher (deshalb *petite perception*). Es giebt gleichsam einen Horizont des Bewusstseins, eine Grenzlinie zwischen dem bewussten und bewusstlosen Vorstellungen. Auf der niedrigsten Stufe, als dunkle Vorstellung, wie sie der Mensch mit sämmtlichen übrigen Monaden theilt, leistet die funktionierende Kraft seiner Seele nichts als einen bewusstlosen Ausdruck eines körperlichen Individuums oder eines Organismus. Sie vermag, was sie vorstellt, weder von sich noch von anderen zu unterscheiden (*idée obscure*). Die zweite Stufe ist die der Empfindung (*sentiment*) oder der verworrenen Vorstellung (*idée confuse*), wo der zum Bewusstsein angelegte Geist das Vorgestellte zwar von einander zu unterscheiden vermag, aber sich selbst nicht davon unterscheidet und deshalb auch die darin vereinigten Factoren nicht auseinanderzuhalten vermag. Erst in der bewussten oder deutlichen Vorstellung (*idée distincte*), in welcher er das Mass seiner Anlage erschöpft, unterscheidet er das Vorgestellte nicht nur von einander, sondern auch in seinen eigenen Theilen und von sich selber.

Dies wird über die leibnitzische Psychologie zu unserm Zweck genügen. Weil aber Baumgarten als Schüler Wolff's diesem auch in den wichtigsten Abweichungen von Leibnitz sich anschloss, so muss ich hier über das Verhältniss dieses Nachfolgers von Leibnitz zu dem grossen Meister selbst zunächst einige Bemerkungen einschieben, die aber nur das Nöthigste berühren, keineswegs die Sache erschöpfen sollen. Christian Wolff, dem die seinem Talent angemessene Aufgabe zugefallen war, die leibnitzische Philosophie in ein System zu ordnen, ihr die wünschenswerthe schulmässige Behandlung angedeihen zu lassen, die ihr genialer Urheber verabsäumt hatte, wusste, wie Kuno Fischer es ausdrückt, gleichsam nur die exoterische

Seite derselben zu erfassen, während ihr tieferer, esoterischer Sinn ihm verborgen blieb.¹) Schon Leibniz selbst war es nicht ganz entgangen,²) dass das Princip seiner Philosophie, der Begriff der Monade, mit einem gefährlichen Widerspruch behaftet war, und dass der logische Verstand die entgegengesetzten Bestimmungen, die er durch geniale Anschauung in den Begriff der vorstellenden Kraft unmittelbar in eins gebunden hatte, immer wieder auflöste und schied. Dieser einseitigen Consequenz des logischen Verstandes folgte eben Wolff, dessen System schon durch die ihm vorangestellte Definition der Philosophie als „der Wissenschaft vom Möglichen als solchem" den Charakter des abstrakten Rationalismus oder der Verstandesmetaphysik empfieng, wie dies Erdmann näher gezeigt hat.³) Uebrigens verliess er damit auch gleich von vorn herein den Standpunkt der Monade, deren Erkenntniss sich, principiell wenigstens, in den Grenzen des Wirklichen hält. Indem er in dem zweiten Theil der Ontologie an die Stelle der vorstellenden Kräfte, die für Leibniz die Grundlage bilden, seine „einfachen Substanzen" *(ens simplex)* setzte, ergab sich ihm dann in der Kosmologie die Nothwendigkeit, den Körper als zusammengesetztes Wesen *(ens compositum)*, als ein Aggregat einfacher Substanzen von der Seele als einfacher Substanz zu unterscheiden.⁴) Diese Sprengung der Einheit der leibnitzischen Monade hätte consequenter Weise die bedeutendsten Folgen nach sich ziehen, der Wolffischen Philosophie einen von dem leibnitzischen Idealismus ganz verschiedenen Charakter aufprägen müssen. Indess, sie wurde paralysiert dadurch, dass er sich auf's Engste an Leibniz anschloss in der Psychologie.⁵) So liegt denn auch seiner Eintheilung in rationale und empirische Disciplinen, die sich dem gleich zu Sagenden und der Natur der Sache gemäss nicht, wie die meisten, auch Kuno Fischer,⁶) anzunehmen scheinen, bloss auf die Psychologie,

¹) a. a. O. 514, 522.
²) a. a. O. 513 f.
³) Versuch einer wissensch. Darst. etc. II, 2. S. 275.
⁴) Erdmann, a. a. O. 297 f.
⁵) a. a. O. 314: „in keiner Partie seines Systems ist Wolff so sehr seiner Uebereinstimmung mit Leibniz eingeständig als in der Psychologie".
⁶) a. a. O. 554.

sondern, wie Erdmann¹) will, auf alle Disciplinen bezieht,²) keineswegs etwa ein an baconischen Sensualismus streifendes Motiv zu Grunde, sondern es ist die einfache Folge seiner Definition der Philosophie: neben dem nur Möglichen will auch das Wirkliche zu seinem Recht kommen.³) Wenn die deutliche Vorstellung aus dem Stadium der verworrenen, der Empfindung sich entwickelt, so heisst das nicht, dass der Geist durch äussere Eindrücke seinen Inhalt gewönne, sondern „die Seele hat Bilder und Begriffe der körperlichen Dinge schon in sich und wickelt sie nur gleichsam in einer mit dem Leibe zusammenstimmenden Ordnung aus ihrem Wesen hervor".⁴) Allen Veränderungen in den Sinnesorganen (als materiellen Ideen) gehen vermöge der prästabilierten Harmonie immaterielle Bilder der Körpermodificationen in der Seele, oder Empfindungen, oder sinnliche Ideen, stetig zur Seite. Nur in diesem Sinn hängt die (relative) Deutlichkeit der (verworrenen) Vorstellungen von dem Verhältniss der für die Empfindungen gewissermassen vermittelnden körperlichen Organe zur Aussenwelt ab.

Hätte also auch Baumgarten von Wolff die Psychologie überkommen, die seiner Aesthetik zur Grundlage diente, der Dank dafür gebührte dennoch im vollsten Masse Leibniz. Jedoch, auch abgesehen von ausdrücklichen Citaten aus des Letzteren Schriften, deren sich viele bei Baumgarten finden, werden dem aufmerksamen Leser soviel wörtliche Entlehnungen und Anklänge an jene bemerkbar, dass einen unmittelbaren Zusammenhang zwischen beiden anzunehmen sich empfiehlt. Ich erinnere Beispiels halber nur die Worte: *natura non facit saltum ex obscuritate in distinctionem; ... ex nocte per auroram meridies;* ferner an die Bezeichnung eines logischen und eines ästhetischen Horizontes bei Baumgarten.⁵)

¹) a. a. O. p. 279.
²) vergl. Wolff, log. disc. pracl. § 107. cosmol. § 1. Bei Erdmann a. a. O. S. CXI f.
³) vergl. Wolff, rat. praelect. sect. III. cap. 1. § 11. Bei Erdmann, a. a. O. S. CIX ff.
⁴) vergl. Wolff, vernünft. Gedank. von Gott etc. bei Erdmann a. a. O. S. 320.
⁵) vergl. aesthet. § 7 und § 119.

Dieser zog nun aus der leibnitzischen Psychologie die Folgerung, dass die Logik, sofern sie ganz im Allgemeinen das Erkennen zu regeln, ihm Gesetze zu geben hat, sich streng genommen auch auf die sinnliche (verworrene) Vorstellung, auf die sinnliche Erkenntniss beziehen müsse. Weil sie aber hergebrachter Weise sich auf die Leitung der deutlichen, begrifflichen Erkenntniss beschränkt, so schlägt er vor, sie gleich durch die Definition auf dieses engere Gebiet hinzuweisen. Dagegen für die Ausbildung und Regelung der sinnlichen Erkenntniss will er eine eigene, neue Disciplin der Logik als ihrer älteren Schwester zur Seite setzen: „die Aesthetik."[1] Hierbei muss ich aber zuerst, weil es ja in meiner Aufgabe liegt, zu scheiden, was Baumgarten Leibnitz verdankt und worin er selbstständig ist, noch auf eine scheinbar geringe, in ihrem tieferen Sinn aber bedeutsame, auf die Zukunft weisende, zugleich auch die Möglichkeit einer Aesthetik am letzten Ende bedingende Abweichung desselben von der strengeren Lehre Leibnitzens, auch Wolffens, aufmerksam machen. Nach deren Ansicht nämlich ist alle Sinnlichkeit, alle verworrene Erkenntniss doch etwas bloss Negatives und beruht allein auf der unvollkommenen Vorstellung, welche sich die Seelenmonade von dem an sich Seienden macht, also auf einem Mangel derselben. Das Verdienst, das Sinnliche für etwas neben dem Gedanken ebenfalls Positives erkannt, die Sonderung von Anschauung und Denken und die Verknüpfung des Idealismus mit dem Sensualismus, deren strenge, reinliche Durchführung zu den Epoche machenden Leistungen Immanuel Kant's zu rechnen ist, zuerst angebahnt[2]) zu haben, — dieses Verdienst hat Danzel in seiner Anzeige von Moses Mendelssohn's gesammelten Schriften (in den Blättern für literarische Unterhaltung 1845 No. 175—178)[3] diesem zugeschrieben. Aber später, bei der Abfassung seines Gottsched (S. 215), ist ihm selbst die Erkenntniss gekommen, dass schon bei Baumgarten die ersten Keime dieser kantischen Ansicht, die Anschauung

---

[1]) Baumg. meditat. S. 115.
[2]) nur „angelahnt", denn er vermischt auch mit der rein mathematischen Anschauung von Raum und Zeit eine gewisse Aesthetische.
[3]) wieder abgedruckt in den von Otto Jahn gesammelten Aufsätzen S. 96.

für ein Ding *sui generis* zu erklären, sich finden. Letzterer unterscheidet nämlich deutlich die *facultas obscure confuseque seu indistincte aliquid cognoscendi* als *facultas cognoscitiva inferior* von der *facultas cognoscitiva superior*, die es mit der logischen Erkenntniss zu thun hat.[1] Er nimmt also für die sinnliche Vorstellung ein besonderes, wenn auch immerhin niederes Vermögen, eine für sich bestehende Partie der menschlichen Seele an, die demnach ihre eigene Natur, eigene Gesetze, eigene Vollkommenheit hat.[2]) Besonders deutlich stellt er, worauf allein Ritter aufmerksam gemacht hat, in § 556 ff. die formale, d. i. begriffliche Wahrheit und die materiell vollkommene, d. i. sinnliche (Einzel-)Wahrheit (= Schönheit), und die Logik und Aesthetik, welche zu ihrer Gewinnung anleiten, als von einander verschiedene, zu gegenseitiger Ergänzung bestimmte Sphären dar. Beide beziehen sich auf die wirkliche Welt.[2]) Also, ich denke, es leuchtet ein, dass hiermit etwas ganz Anderes gesagt ist als mit Wolff's Unterscheidung von empirischen und rationalen Disciplinen. Man darf darum wohl nicht sagen, dass „Wolff die *sensus* als eine selbständige Quelle der Erkenntniss geltend zu machen das Bedürfniss zeige".[4] Zwar spricht auch Wolff schon von *facultates* der Seele, aber in ganz anderer Weise als Baumgarten. Namentlich aus den von Erdmann aus der *psychologia rationalis* beigebrachten Stellen[5]) ergiebt sich klar, dass Wolff in jenen nur verschiedene Modificationen und Stufen der Thätigkeit der Seelenkraft sah, nicht verschiedene Partien in der Seele selbst. Und wenn er den umständlichen Terminus: *facultatis cognoscendi pars inferior, superior* dem einfacheren und näher liegenden: *facultas inferior* etc. vorzieht, so möchte ich darin nicht mit Erdmann bloss eine mechanische Ausdrucksweise, sondern vielmehr die mehr oder minder bewusste Absicht erkennen, die Einheit der *facultas cognoscitiva*, indem er nur von Theilen derselben, nicht von zwei Vermögen spricht, bestimmter zu wahren und nicht zu dem Missverständniss einer wirklichen Zweiheit der Seelen-

---

[1]) vergl. besonders *metaphys.* § 9. und *meditat.* 115.
[2]) *perfectio cognitionis sensitivae qua talis!*
[3]) vergl. Ritter, Geschichte der Philosophie XII. S. 557 ff.
[4]) Erdmann, a. a. O. S. 379. nach S. 380.
[5]) a. a. O. S. CXXXII.

kräfte Anlass zu geben. Interessant ist es und gereicht zugleich meiner Behauptung zur Bestätigung, dass Baumgarten in den weniger gereisten, auf die consequente Uebereinstimmung mit den systematischen Grundlagen noch weniger achtenden *meditationes*[1]) sich wie Wolff ausdrückt, was sich später, in der Aesthetik, nie mehr findet.

Freilich hält sich auch unser Aesthetiker nicht in allen Stücken auf dieser, wenn man so sagen darf, Höhe der Erkenntniss. Der leibnitzische Standpunkt, von welchem er ausgegangen, bricht öfter wieder durch. Man denke zum Beispiel an die merkwürdigen Einwände, die er selbst gegen die neue Disciplin im Anfang seiner Aesthetica erhebt, und an die fortlaufende Zusammenfassung des Klassters und des Kunsttheoretikers in der einen Bezeichnung „*aestheticus*", und dgl. mehr, wodurch er selber mit Schuld geworden ist an dem Missverständniss seiner aus Gottsched's Schule ihm erwachsenden Gegner, „welche, wenn von einer Wissenschaft der verworrenen Vorstellungen die Rede war, über den Gedanken einer Wissenschaft, die sich in solchen bewegte, nicht herauskommen konnten."[2])

Aufgegangen ist aber unserm Philosophen diese Erkenntniss eben damit, dass er das Schöne, über dessen eigenthümliche Natur und Verschiedenheit von der Wahrheit er eine anderweitig erworbene Ueberzeugung schon mitbrachte, in das Gebiet der sinnlichen Vorstellungen verlegte. Denn es ist, zwar in vielen Darstellungen der Lehre Baumgarten's wiederkehrender,[1]) aber mit ausdrücklichen Aeusserungen desselben und mit der ganzen Beschaffenheit seiner Aesthetik, so wie sie vorliegt, sich durchaus nicht zusammenreimender Irrthum, dass er nicht durch lebendiges Interesse für die Kunst und die Schönheit, sondern durch das Gewahrwerden einer Lücke in dem Lehrgebäude der philosophischen Wissenschaften zur Beschäftigung mit ästhetischer Untersuchung und der Begründung seiner *scientia aesthetica* veranlasst worden, „dass es ihm bei derselben weniger um eine Erforschung des Gebiets

---

[1]) Zum Beispiel § 3.
[2]) Danzel, Gottsched S. 230.
[3]) Lotze, a. a. O. S. 31. Ritter, Gesch. der Phil. XII, 557. Erdmann, a. a. O 375. und 347.

des Schönen als um eine Theorie des menschlichen Empfindens und Vorstellens zu thun gewesen sei."[1]) Freilich mag, wer mit modernem Schönheitssinn in Baumgarten's Schriften schauend Schlüsse ziehen will, leicht zu dieser Ansicht kommen. Gleichwohl erzählt er selber,[2]) dass er von seiner Gymnasialzeit an fast jeden Tag ein Gedicht gefertigt und auch später noch, auf der Akademie, der Poesie gänzlich Valet zu sagen nie über sich habe gewinnen können.[3]) Dadurch aber, dass ihm in den oberen Classen eines Gymnasiums der Unterricht in der Poetik und zugleich in der sogenannten *philosophia rationalis* sei übertragen worden, habe er unnatürliche Veranlassung erhalten, die Philosophie auf die Poesie anzuwenden. Auch bei einer andern Gelegenheit beruft er sich auf seine eigenen poetischen Versuche.[4]) Es ist also sicher, dass in der That von einem lebendigen Sinn für das Schöne als solches aus bei Baumgarten die Aufwerfung der Frage nach dem Wesen desselben hervorgegangen ist, so dass er den Gang vom praktischen zum theoretischen Standpunkt, der die Entwicklung der deutschen Aesthetik jener Zeit, wie ich oben zeigte, überhaupt charakterisirt, in seinem individuellen Entwicklungsgang als Aesthetiker widerspiegelt.

Und findet nicht auch der thatsächliche Inhalt, die wirkliche Beschaffenheit seiner *aesthetica* nur in dieser Lage der Dinge ihre Erklärung? Max Schasler freilich sagt, wie ich zum Theil schon anführte, „Baumgarten gelte (!) als Begründer der deutschen Aesthetik, obschon es ihm weniger um eine Erforschung des Gebiets des Schönen und der Kunst als um eine Theorie des menschlichen Empfindens und Vorstellens zu thun wäre"; indess, er mag sich dies wohl nicht recht überlegt oder vom Inhalt der baumgartenschen Aesthetik mehr durch Hörensagen und eigene Phantasie eine allgemeine, vage Vorstellung als durch unabhängiges Studium eine gründliche Kenntniss sich verschafft haben. Vielmehr entspricht jene, wie Lotze

---

[1]) Max Schasler, a. a. O. S. 339.
[2]) In der Vorrede zu den *meditationes*.
[3]) *ex quo enim tempore ad humanitatem informari coeperam, ... transiit mihi poene nulla dies sine carmine ... poesi nuntium omnino non mittere unquam a me potui impetrare.*
[4]) *aesthet.* § 136.

richtig bemerkt,¹) obwohl als Theorie der niederen Erkenntniss (*gnoseologia inferior*) bezeichnet, in Wahrheit nur ihren anderen Namen als Theorie der freien Künste, oder strenger, als Lehre von der Kunst schön zu denken. Deshalb haben Ritter und, an ihn sich anlehnend, Zimmermann in der Thatsache wenigstens Recht, wie es auch mit ihrer Ansicht von dem Ursprunge der baumgartenschen Aesthetik, die ich eben bekämpfe, übereinstimmt, wenn sie sich wundern und tadeln, dass so wenig wie Wolff nun auch Baumgarten selber, die Theorie des niederen Erkenntnissvermögens als Schwesterwissenschaft der Logik zu schaffen verspricht, das geleistet habe, was man unter einem solchen Titel zu erwarten berechtigt sei: nämlich eine allgemeine Theorie der Erfahrung, wodurch die sinnliche Erkenntniss als solche zur höchsten Vollkommenheit gebracht würde, eine inductive Logik nach Art des baconischen *novum organon*.²) Aber ich hätte dieser Verwunderung wohl ein solches Mass von Stärke gewünscht, dass sie im Stande gewesen wäre, den Zweifel zu erzeugen, ob es denn überhaupt möglich sei, — bei leidlicher Gesundheit des Verstandes, — dass ein Gelehrter, während er eine Erfahrungslogik aufzustellen beabsichtigt, gleichsam im Handumdrehen und wider seinen Willen auf eine Aesthetik in dem modernen, von Kant zuerst mit Bewusstsein angewendeten Sinn ³) gerathe.

Vielmehr also vom praktischen Interesse für das Schöne wurde B. zur theoretischen Betrachtung desselben geführt. Die scharfe Fassung des ästhetischen Problems empfieng er, wie ich zeigte, von Addison und Du Bos durch die Schweizer. Mit letzteren erkannte er, dass auf den Leistungen des logisch klaren Erkennens der Reiz und das Wesen des Schönen nicht beruhe. Hierauf sprach er mit Bestimmtheit die darin wesentlich mitenthaltene Einsicht von der Besonderheit und eigenthümlichen Natur desselben aus und suchte diese sodann mit den in der leibniz-wolffischen Philosophie ihm zu Gebote stehenden Mitteln näher zu bestimmen. Indem er auf diesem Wege die Sphäre der sinnlichen Vorstellung (der Anschauung) als das Reich des Schönen fand und bezeichnete, — womit er freilich nicht, wie er meinte, das Wesen desselben erschöpft, sondern nur den phänomenologischen Charakter, den theoretischen Ort des schönen Gegenstandes bestimmt hat; hiermit ergab sich ihm, — und davon gieng ich aus, — die eigenthümliche und von dem logischen Denken verschiedene Natur der Anschauung.

Fragen liesse sich nun freilich, ob nicht dem Philosophen, als er so nach seiner eigenen Einsicht, Ansicht und Absicht die Eine Disciplin der Aesthetik, in der Wahrheit aber, wie wir discher jetzt erkennen, mit Einem Schlage zwei von ein ander verschiedene neue Wissenschaften entdeckt hatte, — ob ihm da nicht in der Folge wenigstens eine Ahnung von diesem Sachverhalt aufgedämmert sei; ob nicht bei der Ausführung seiner Aesthetik ein Auftrag wenigstens von der Erkenntniss ihm aufgedrängt habe, dass die von Haus aus sein Ziel bildende Lehre vom Schönen, wenn schon sie im Allgemeinen richtig als Sonderdisciplin aufgestellt sei, doch die Stelle „einer jüngern Schwester der Logik" nicht einnehmen, eine Theorie des niederen Erkenntnissvermögens nicht vorstellen könne. In der That zeigen sich hiervon, von den Anflügen einer gleichsam unwillkürlichen Reflexion Baumgarten's auf die eigentliche Bedeutung einer *gnoseologia inferior*, einer *theoria sensitivae cognitionis*, in der allgemeinen Einleitung der *aesthetica* einige Spuren. So passen, wie ich schon bei der Inhaltsangabe bemerkte, in § 3 wenigstens die Punkte 1, (3), 5 zu der Lehre vom Schönen, sondern nur zu einer Erfahrungstheorie. Baumgarten zeigt sich eben hierin wieder als auf dem Wege von Leibnitz zu Kant begriffen, auf welchem, wie wir sahen, Mendelssohn eine weitere Station bildet. Im Allgemeinen aber und in dem eigentlichen Körper seiner Aesthetik wird unser Autor durchaus von seiner ursprünglichen Tendenz auf die Aesthetik in unserm Sinn beherrscht.

Wollte man aber nun auch von der Genesis der baumgartenschen Aesthetik absehen, so scheint mir doch überhaupt der an ihn, und also noch mehr der an Wolff erhobene Anspruch, sie hätten eine Art inductiver Logik wie Baco liefern sollen, auf einer Ueberschätzung oder zum Mindesten auf einer Verkennung der geschichtlichen Bedeutung dieser Philosophen zu beruhen.

---
¹) a. a. O. 10.
²) Ritter, a. a. O. 557 ff. Zimmermann, a. a. O. S. 169 f.
³) Lotze, a. a. O. S. 44.

Nicht von sensualistischen Principien und nicht von der Absicht aus, selbige mit dem leibnitzischen Idealismus zu vermitteln, kam Wolff zur Scheidung von Körper und Seele, zu dem Terminus „sinnlich" (anstatt „verworren"), Baumgarten zur Absonderung des unteren vom oberen Erkenntnissvermögen: die Philosophie Wolff's und seiner Schüler eröffnet vielmehr die Reihe von einseitigen Verarbeitungen einzelner Elemente der leibnitzischen Lehre. Indem sie bei dem Bemühen, den Idealismus der letzteren zu systematisiren, der Consequenz des logischen Verstandes ausschliesslich Beachtung schenkt, werden Abweichungen von jenem nöthig, die in ihren Consequenzen zum Sensualismus hinführen und so die Auflösung des Idealismus und den Uebergang zum Kriticismus vorbereiten. Aber irrig ist es, von ihrem, wie namentlich die Psychologie zeigt, im Grunde mehr idealistischen Standpunkt zu verlangen, was nur der Sensualismus oder in einem höheren Sinn der sie beide überwindende Kriticismus zu leisten vermag.

Es wird zur Klarstellung des Verhältnisses zwischen Leibnitz und dem Aesthetiker Baumgarten, über das ich handele, nicht ohne Nutzen sein, hier die Frage zu beantworten, ob wohl Leibnitz selbst, wenn er etwa zu einer systematischen Behandlung seiner Philosophie geschritten wäre, die Aesthetik als Disciplin würde entdeckt und ihr auch dieselbe Stelle im System würde angewiesen haben wie Baumgarten, — soweit nämlich derartige Dinge verständiger Weise überhaupt sich erörtern lassen. Letztere Clausel möchte ich wohl berücksichtigt wissen, wenn ich mich dafür entscheide, die Frage zu verneinen.

Die Sonderdisciplin einer *gnoseologia inferior*, sahen wir, ist nicht möglich ohne vorhergegangene oder zugleich erfolgende Sprengung und Auflösung des Princips der Monade; die Aesthetik als Schwesterwissenschaft der Logik war also für Leibnitz unerfindbar. Für ihre Erfassung aber in einem anderen, höheren Sinn war, wie gesagt, zu seinen Lebzeiten die Stunde noch nicht da. Jeder, auch der bedeutendste Mann bleibt doch ein Kind seines Volkes, seiner Zeit. Auch Aristoteles, der lange Jahrhunderte hindurch für den Philosophen *κατ' ἐξοχήν* von unerschütterlicher Autorität, und bis in unsere Zeiten herunter Vielen auf manchen Gebieten für unwiderleglich in seinen Lehren (Lessing!)[1], für einen Mann von menschheitlicher, übergriechischer Bedeutung galt, auch der ist Grieche und in griechischen oder überhaupt antiken Vorurtheilen befangen, wie dies in einigen Beziehungen ein eifriger Bekämpfer des Unfehlbarkeitsglaubens in jeglicher Gestalt, Joseph Hubert Reinkens,[2] neulich wiederum aufgedeckt hat. So ist auch Leibnitzens Lehre und Person der Stempel seiner Zeit in deutlichen Zügen eingeprägt. Er theilt mit letzterer die einseitige, trockene, nüchterne, in mancher Beziehung pedantische Verständigkeit. Des Cartes hatte dieselbe als Charakteristikum des Zeitgeistes constatiert, indem er das Denken zur Gesammtbezeichnung des geistigen Daseins machte. Die Periode, der Leibnitz zum Ausdruck ihres geistigen Inhalts verhalf, war in dieser Hinsicht von der, die Des Cartes vertrat, nicht verschieden. Deshalb stimmt auch Leibnitz darin mit diesem überein, mit Nichtachtung dessen, was Gefühl und Wille Eigenthümliches besitzen, das geistige Leben nur von Seiten seiner vorstellenden, denkenden, erkennenden Thätigkeit in's Auge zu fassen, darin den Gipfel und das Ganze desselben zu sehen. Richten wir den Blick auf seine Persönlichkeit und deren Entwicklungsgeschichte, so scheinen auf der einen Seite allerdings die Vorbedingungen für eine erspriessliche Behandlung der Aesthetik bei Leibnitz in viel reicherem Masse vorhanden zu sein als bei Baumgarten. Während letzterer nur von der Betrachtung eines sehr beschränkten Kreises schöner Objecte, im Grunde nur vom dichterisch Schönen aus seine Aesthetik entwarf, würde Leibnitz ein bei Weitem mannigfaltigeres Material der ästhetischen Untersuchung haben zu Grunde legen können. In einer der wenigen Aesthetische Dinge berührenden Stellen, die sich in seinen Schriften finden (in: „Einige Betrachtungen über die pädagogische Bedeutung der Künste in der bürgerlichen Gesellschaft."),[3] wird auf Poesie,

---

[1] Bekanntlich hatte für Lessing des Aristoteles Poetik die zwingende Beweiskraft euklidischer Sätze. Auf einen Fall, wo sich Lessing zu seinem Schaden von der Autorität des Aristot. hat leiten lassen, werden wir noch später kommen, vergl. vorläufig Lotze, a. a. O. S. 16 f.

[2] Joseph Hub. Reinkens, Aristoteles über Kunst etc. Wien 1870, siehe gleich S. VI f., dann S. 167—211.

[3] Guhrauer, a. a. O. II, 359 f.

Gesang, Schauspiel, Malerei und Musik Rücksicht genommen. Er kannte nicht nur die antike, sondern auch die neuere Dichtung. Die klassische Literatur der Franzosen und das französische Schauspiel hatten damals ihre Blüthezeit: bei seinem Aufenthalt in Paris war Leibnitz genau damit bekannt geworden.[1]) Racine stand, als jener dorthin kam, auf der Höhe seiner Schöpfungen, Molière starb ein Jahr darauf (1673).[2]) Auch der Oper gedenkt Leibnitz oft in Vergleichen, und auf seiner italienischen Reise hatte er gewiss die Reliquien antiker Plastik in den Kreis seines Interesses gezogen.[3]) Auf der anderen Seite aber fehlte es Leibnitz an der die Empfänglichkeit für das Schöne besonders begünstigenden Erregbarkeit und Wärme des Gefühls, ein Urtheil, das durch den ungedruckten, in Hannover befindlichen Briefwechsel mit Spener, wie ich von wohl unterrichteter Seite hörte, auch in religiöser Beziehung eine Bestätigung erfährt. Leibnitz hatte keine lebhaften Sympathien, vielmehr kennzeichnet ihn eine gewisse Kühlheit und stetes Gleichmass der Stimmung.[4]) — was freilich dem mit nicht weniger als Allem beschäftigten Mann Noth that. Lebhafter Formensinn gieng ihm wohl ab. In der von ihm selbst verfassten *imago Leibnitii* sagt er von sich: „wegen seines schwachen Gesichtes hat er keine lebhafte Einbildungskraft." Guhrauer will dies nur „im physiologischen, anthropologischen Sinn" genommen wissen, „da Niemand glauben werde, Leibnitz habe sich jene höhere productive Phantasie abgesprochen, ohne welche er weder Dichter noch Philosoph gewesen wäre."[5]) Indess dass dem Philosophen lebhafter Formensinn gebrochen kann, dafür ist Kant, auch Lotze in gewissem Sinn auch Lessing, ein Beispiel;[6]) und vornehmlich spricht gegen Guhrauer, dass doch dann der von mir angeführte Satz Leibnitzens auf die Trivialität hinausliefe: „wegen seines schwachen Gesichtes

[1]) a. a. O. I, 148.
[2]) a. a. O. II, 354.
[3]) das lehrten auch viele Vergleichungen, z. B. siehe Kuno Fischer a. a. O. S. 172. 221.
[4]) Guhrauer a. a. O. II, 363 fasst dies in den Ausdruck „Mangel an Sentimentalität" zusammen.
[5]) a. a. O. II, 360.
[6]) vergl. Lotze a. a. O. S. 21 oben, S. 31.

kann er nicht gut sehen." Dabei will ich jedoch Leibnitzens Herleitung seines Mangels an lebhafter Formgestaltungskraft von seiner Gesichtsschwäche nicht zugleich in Schutz nehmen. Auch in mancher Einzelnachricht erscheint unser grosser Philosoph als immer mehr auf den Nutzen denn auf das Schöne bedacht: so war sein Garten vor dem Egydienthore zu Hannover mit Maulbeerbäumen angefüllt zur Seidenwürmerzucht.[1]) Seine Aeusserungen endlich über die Künste sind überwiegend von einer „officiellen Betrachtungsweise beherrscht und weisen jene energisch auf die Verfolgung specifisch sittlicher Zwecke hin.[2]) Also auch in den ganzen Typus seiner Persönlichkeit und seiner Anlagen ist Leibnitz ein Abbild seines durchaus nicht ästhetisch angeregten Zeitalters. Ein epochemachender Fortschritt in der ästhetischen Theorie, wie er durch Kant geschah, war nur möglich nach einer solchen Belebung und Läuterung des Geschmacks und des praktischen Interesses für das Schöne, wie ein Lessing und ein Winkelmann sie bewirkten.[3])

Weil ich eben die Grundlegung der baumgartenschen Aesthetik in dem Boden der Lehre Leibnitzens behandle, so mag hier gleich noch ein Punkt zur Erwägung kommen, der ohne ein Zurückgreifen auf bestimmte Fundamentalideen der letzteren nicht zu erledigen ist.

Wenn Baumgarten in dem ersten Paragraphen seiner Aesthetik als gleichbedeutende Namen derselben *theoria liberalium artium, gnoseologia inferior* beifügt und als *scientia cognitionis sensitivae* sie definiert, so könnte es zuvörderst scheinen, als habe er darunter nur die Untersuchung verstanden, worin die an sich vorhandene Vollkommenheit der sinnlichen Erkenntniss, der Formenwelt bestehe. Indess er nennt sie zugleich auch *ars pulcre cogitandi, ars analogi rationis*: sie soll also Vorschriften darüber enthalten, wie die Vollkommenheit, die an sich nicht stehendes Attribut der sinnlichen Vorstellungen ist, zu erreichen sei. Was hier *implicite* vorliegt, sprechen viele andere Stellen ausdrücklich aus; z. B. wird § 14 als negatives Ziel der Aesthetik die Verhütung der Hässlichkeit oder der

[1]) Guhrauer a. a. O. II, 347.
[2]) Guhrauer a. a. O. II, 360 f.
[3]) dies war zugleich die Hauptbedeutung dieser Männer für die Aesthetik, vergl. Lotze a. a. O. S. 17 ff.

Unvollkommenheit der sinnlichen Erkenntniss als solcher angegeben. § 18 heisst es: An sich Schlechtes kann schön, an sich Gutes hässlich dargestellt werden, und dergl. mehr. Wie reimt sich nun diese Unvollkommenheit in der Welt der „*phaenomena*" (in leibnitzischem Sinn) als solcher, mit der Idee von der besten Welt, die wie Wolff so auch Baumgarten mit den grossen Meisters Lehre als deren charakteristisches Gepräge übernommen und festgehalten hatte? Muss nicht, wenn die Aesthetik als Anleitung zum *pulcre cogitare* nicht als überflüssig erscheinen soll, die Gebundenheit des sinnlichen Vorstellens an die beste Welt aufgegeben werden?

Auch die Logik, der als einem von Alters her festestehenden, von jeder Ansicht anzuerkennenden Besitz ein Platz im System nicht streitig zu machen war, gab zu einer ähnlichen Frage Veranlassung. Denn wie wollte eine Weltansicht, die die Sonderentwicklung jedes einzelnen Wesens in durchgängiger Harmonie mit dem Weltganzen geschehen lässt und folgerecht noch die verworrenste und undeutlichste Weltvorstellung doch ausdrücklich als wahre Vorstellung der Welt bezeichnet",[1] Stellung und Bedeutung einer Wissenschaft begreiflich machen, welche vermeidbare Wege des Irrthums von aufzusuchenden Wegen der Wahrheit unterscheiden will? Die Lösung dieser Schwierigkeiten, wie sie im Interesse der strengen Folgerichtigkeit der leibnitzischen Philosophie erforderlich gewesen wäre, hat Zimmermann richtig bezeichnet, — zugleich mit einem Tadel gegen die grossen Mannes Epigonen, „die sich um die mangelhafte Folgerichtigkeit nicht gegrämt" hätten. Bei einer schulmässigen Behandlung und systematischen Durcharbeitung seines ganzen Lehrgebäudes würde nämlich jenem die Nothwendigkeit einer Aesthetik und, füge ich noch hinzu, einer logischen Theodicee sich ebenso entdeckt und aufgedrängt haben, wie er zur Erklärung des sittlichen Uebels eine ethische Theodicee für erforderlich erkannt und wirklich entworfen hatte. Er würde also das Hässliche wie das Schlechte aus dem an sich nothwendigen, die Vollkommenheit des Kosmos nicht aufhebenden, sondern mitbegründenden metaphysischen Uebel als seinem Princip abgeleitet und so in ihm nicht etwas Positives, einen reellen Gegensatz zum Schönen, sondern einen Mangel, einen *defectus*, eine Privation, einen niederen Grad des Schönen gesehen haben.[1] Er würde also in Folge der Grundanschauung seines Systems schliesslich doch zu der unser Bewusstsein nicht befriedigenden Auffassung gekommen sein, mehr oder minder alles schön zu finden, eine Gefahr, die freilich in ganz anderem Sinn und aus anderen Gründen, nämlich wegen der Unzulänglichkeit seiner Bestimmungen, unter anderen auch Schelling nicht vermieden hat, wie Lotze, dessen Kritik gegen diesen wie seine Stellung zur idealistischen Aesthetik überhaupt mir freilich schärferer Klärung noch bedürftig erscheint, — wovon später — nachweist.[2] Dies nur beiläufig. Interessant ist es nun und für eine vollständige Dar- und Klarstellung des Verhältnisses zwischen Leibnitz und dem Aesthetiker Baumgarten nicht unwichtig, dass dieser, wenn er schon eine ästhetische Theodicee seiner ohnehin nicht zu Ende gebrachten Aesthetik nicht an die Seite gestellt hat, doch in einigen Bemerkungen, (die freilich Zimmermann, als er seine Unbekümmertheit um die Inconsequenz tadelte, entgangen sein werden,) bewiesen hat, dass er die in Rede stehende Schwierigkeit nicht ausser Acht gelassen, vielmehr sie sich eben auf demselben Wege gelöst hat, den eine ästhetische Theodicee nach Art der von Leibnitz gegebenen ethischen hätte nehmen müssen. Ich habe in dieser Hinsicht schon oben in der Darstellung des Inhalts der Aesthetica kurz aufmerksam gemacht auf § 557 (cf. 561), wo es heisst, „dass wir wegen des unendlich grossen *defectus* der *veritas summa logica* (d. i. der Erkenntniss im allgemeinsten, Denken und Anschauen umfassenden Sinn), in Folge des *nimium metaphysicum*, das auch an aller menschlichen *veritas aestheticologica* haftet und sich äussert, mit einem unendlich kleinen Theil der Wahrheit im weitesten Sinne uns begnügen müssen. Wir sehen also, dass von den psychologischen oder metaphysischen Grundlagen und Grundbegriffen der baumgarten'schen Aesthetik sowohl diejenigen, auf denen sie sichtlich errichtet ist, als auch die, welche zur Ausbesserung und Stütze für etwaige Schäden und Lücken ihr

---

[1] vergl. Lotze, a. a. O. S. 10.

[1] vergl. Kuno Fischer, a. a. O. S. 473.
[2] Lotze, a. a. O. S. 141 ff.

würden gedient haben, alle aus dem Arsenal leibnitzischer Lehre entnommen sind.

Aber nicht bloss in diesen allgemeineren Beziehungen, sondern auch im Einzelnen, in den speciellen Verdiensten und Mängeln erscheint Baumgarten als ein zwar relativ bedeutender, im Ganzen aber von den Einwirkungen dieses epochemachenden Geistes durchaus beherrschter Nachfolger Leibnitzens.

Baumgarten bestimmte, wie auseinandergesetzt ist, die Aesthetik als *scientia cognitionis sensitivae* (§ 1); sie hat zum Zweck die *perfectio cognitionis sensitivae qua talis*; dies ist die Schönheit. Verhüten will sie aber die Hässlichkeit *(deformitas)* als die *imperfectio cognitionis sensitivae qua talis*. In der Metaphysik[1]) wird die *pulcritudo* definirt als *perfectio phaenomenon sive gustui latius dicto observabilis*, was dasselbe sagen soll, aber gerade wegen der verschiedenen Wendung zum völligen Verständniss der Meinung Baumgartens in erwünschter Weise beiträgt. Der Ausdruck „cognitio sensitiva" trägt im Sinn der leibnitzisch-baumgarten'schen Psychologie eine mehr subjective, idealistische Färbung: es liegt in ihm darüber, dass die Vorstellungen, deren Attribut die *perfectio* ist, irgend einen anderen Ort ihrer Existenz, einen anderen Grund ihres Daseins haben könnten ausser der Action des vorstellenden Subjects, keine ausdrückliche Andeutung. Diese Möglichkeit wird dagegen (klarer wenigstens) als zuletzig angedeutet, während ihre Wirklichkeit weder bejahend noch verneinend irgend etwas festgesetzt wird, in dem somit mehr neutralen, kritischen Terminus „*phaenomenon*". Im Sinn der noch dogmatistischen leibnitzischen Lehre war ja freilich bei beiden Bezeichnungen die Wirklichkeit dieser Möglichkeit stillschweigende, ununtersuchte Voraussetzung. Was den Ausdruck *gustus* betrifft, so giebt über dessen Bedeutung sowohl Baumgarten[2]) als Leibnitz gelegentlich der Beurtheilung einer Schrift Shaftesbury's im *recueil de diverses pièces* S. 285 Auskunft. Ich habe hierüber später noch ausführlicher zu handeln, deshalb will ich vor der Hand nur so viel bemerken, dass man sich hüten muss,

---
[1]) § 221. 662.
[2]) z. B. schon meditat. § 92 mit Ann.

zu wähnen, Leibnitz und Baumgarten hätten bewusster Weise in diesem Wort das begriffen, was wir jetzt mit dem ästhetischen Ausdruck Geschmack[1]) meinen. Wir denken dabei zunächst als an das wesentlichste darin befasste Moment an ein uns eigenes Gefühl oder Schätzungsvermögen für den Worth der Objecte, erst an zweiter Stelle daran, dass diese Schätzung nicht über Begriffe, sondern über sinnlich Wahrgenommenes ergeht. Dagegen für die von einseitigem Intellectualismus beherrschte Zeit Leibnitzens, wie sich sie oben charakterisirte, war, wenn sie sich Rechenschaft über den Inhalt dieses Begriffs gab, die Hauptbedeutung desselben das sinnliche (Erkenntniss-) Vorstellungsvermögen,[2]) und nur nebenbei dachte man an die die sinnliche Vorstellung begleitende Lust oder Unlust. Wir also stellen den ästhetischen Geschmack etwa dem Gewissen gegenüber, Leibnitz-Baumgarten dagegen dem Verstand, dem deutlichen Vorstellungsvermögen. Dass sie unbewusster Weise mit ihrem *gustus*, *le goût* dasselbe bezeichnen wollten wie wir mit dem Wort „Geschmack", versteht sich von selbst.

Jene Grundbestimmungen nun in Baumgarten's Aesthetik haben erstens das Verdienst, überhaupt die Eigenthümlichkeit des Schönen, seine Verschiedenheit vom Logischen zu erkennen, ihm ein besonderes Gebiet (gleichviel welches) anzuweisen. Hierüber habe ich oben, wo ich die allgemeinen Einwirkungen Leibnitzens auf Ursprung und Entwickelung der Aesthetik des 18. Jahrhunderts mit Rücksicht auf Baumgarten darlegte, das Nöthige gesagt. Doch betone ich noch einmal die Wichtigkeit dieses Fortschritts, zumal die meisten Darsteller Baumgarten's dafür (wohl nicht ausreichende Erkenntniss und deshalb auch) nicht hinreichende Anerkennung haben. Sogar Lotze bezeichnet als Hauptmotiv des fortdauernden Interesses für die Erstlingsgestalt, die Baumgarten der beginnenden Aesthetik gab, „einige

---
[1]) Ich sehe von der blos sinnlichen Bedeutung ganz ab, weil ich nicht Schwierigkeiten in diese Erörterungen hereinziehen will, die doch ihren Austrag hier nicht finden können; vergl. Lotze, a. a. O. S. 247 ff.
[2]) vergl. Leibnitz a. a. O.: le goût distingué de l'entendement consiste dans les perceptions confuses.

auf lange Zeit wichtig gebliebene Gesichtspunkte, welche er der Philosophie seines Meisters Leibnitz entlehnte",[1] wozu er aber dem ganzen Zusammenhang nach den von mir als das höchst wichtige „Grundspercü" der baumgarten'schen Aesthetik nachgewiesenen Punkt gar nicht zählt. Das Beste aber Baumgarten hat, wie überhaupt, so auch in diesem Punkt bisher Danzel gegeben in seinem Gottsched, einem Buch, das so recht die eigene Art und Tugend deutscher Gelehrtenarbeit veranschaulicht. Leider hat man wohl über der ihm eigenen, nicht gerade anmuthigen Art die Tugend dieses Buches bisher vielfach übersehen. Wie gross, von wie reeller Bedeutung die in Rede stehende wissenschaftliche That Baumgarten's war, zeigt am deutlichsten die Art und Weise, wie sich die auf dem Standpunkt Gottsched's, den Danzel ganz treffend als den älteren leibnitzio-wolffischen bezeichnet,[2] verharrenden über die hallische Aesthetik aussprachen. Ich setze deshalb noch dieses Stück eines von Danzel a. a. O. mitgetheilten Briefes des Predigers A. G. Rosenberg in Mertschütz an Gottsched hierher: „... Die Schönheit ist eine Vollkommenheit, sofern sie undeutlich erkannt wird, wie Baumgarten sagt... Undeutliche Erkenntniss und Wissenschaft ist mir ein wenig widersinnisch. Seine Schönheit wird nicht mehr Schönheit bleiben, weil er sie in eine Wissenschaft bringen wird. Oder seine Wissenschaft wird diesen Nahmen verlieren, weil er, um die Schönheit zu bewahren, bloss bei undeutlicher Erkenntniss bleiben müssen wird." Baumgarten, im klaren Bewusstsein vom Werthe seiner Entdeckung, liess sich durch solche Urtheile gar nicht anfechten. Vielmehr that er in den stärksten Ausdrücken seine Verachtung wider dieselben kund und „flehte öffentlich zu Gott, er möge ihm niemals so viel freie Zeit gewähren, dass er an die Widerlegung derartiger Gegner sie verschwenden könnte".[3] Mit Nachdruck und in unermüdlicher Wiederholung hebt er in der Aesthetik immerfort diesen Punkt

[1] a. a. O. S. 1.
[2] Insofern er sinnliche und distinkte Vorstellung nur graduell, als das Negative vom Positiven unterscheidet, während Baumgarten in beiden Dinge sui generis sieht.
[3] vergl. praef. zur metaphys. ed. III 1819.

hervor (*cognitio sensitiva qua talis — phaenomenon — ipsi rationis analogo observabile etc. etc.*).[1]

Damit ist aber das Anerkennenswerthe in Baumgarten's oben dargelegten ästhetischen Grundbegriffen noch nicht erschöpft. Danzel sagt: „Wenn Baumgarten die Sphäre (des Schönen) als die der unteren Erkenntnissvermögen auffasst, so hat er sich in der Auslegung seines Aperçüs vergriffen, es in eine falsche Formel gefasst."[2] Das ist aber richtig und unrichtig zugleich: richtig als ein absolutes, unrichtig als geschichtliches Urtheil. Wir müssen vielmehr zweitens unserm Aesthetiker auch loben, dass er, soweit es auf dem Bildungsstandpunkt jener Zeit möglich, mit dem Geist und Charakter der leibnitzischen Philosophie vereinbar war, die Sphäre des Schönen auch richtig bestimmt hat. Man sah damals einmal noch alle geistigen Vorgänge bloss unter phänomenologischem, theoretischem Gesichtspunkt an, fasste alle Thätigkeit des Geistes als Denken, Vorstellen. Die phänomenologische Natur aber, „den theoretischen Ort" des Schönen, hat Baumgarten richtig und mit vollem Bewusstsein bestimmt. Das ist etwas Grosses, denn nicht nur war vorher, besonders nach die Weise Platon's und Plotin's,[3] das Schöne immer mit dem Guten und Wahren verwechselt und vermischt worden, sondern auch noch Schelling zum Beispiel ist in diesen Fehler zurückgefallen.[4] Daraus aber, dass Baumgarten die Sinnlichkeit als niederes Vermögen gegenüber dem Verstand fasst, erwächst ausser der deshalb gegen dieselbe an den Tag gelegten geringeren Schätzung für die Aesthetik kein weiterer Nachtheil.

Aber auch in diesem specielleren Verdienst hat unser Aesthetiker seinen Meister Leibnitz schon zum Vorgänger. Ja, Kuno Fischer hat sogar die betreffenden Formulirungen desselben zum Theil für vorzüglicher als die Baumgarten's erklärt. Auf der anderen Seite allerdings hat man in jenen auch grossen Grund zum Tadel finden wollen. Ich muss deshalb den Sachverhalt etwas näher erörtern.

[1] vergl. § 11, 15, 65, 182, 183, 207, 211 u. s. w.
[2] a. a. O. S. 218.
[3] z. B. zuletzt noch von Shaftesbury cf. Max Schasler a. a. O. S. 286—89.
[4] vergl. Lotze, a. a. O. S. 139 ff.

Die bezüglich der Ausschauungen Leibnitzens vom Schönen in der Regel allein in Betracht gezogene Aeusserung findet sich zu Ende seiner Schrift: *principes de la nature et de la grace*, Cap. 17.¹) Er spricht da von dem Vergnügen, das die wenngleich unsinnliche Erkenntniss Gottes gewährt, und fügt zur Erklärung dieser Thatsache hinzu, dass selbst das Vergnügen der Sinne (= an Sinnlichem) stets auf verworren erkanntes geistiges Vergnügen, will sagen: auf Vergnügen an verworren erkanntem Geistigen zurückzuführen sei *(les plaisirs même des sens se réduisent à des plaisirs intellectuels confusément connus)*. Indem er dies an Beispielen näher veranschaulichen und beweisen will, sagt er: „*la musique nous charme, quoique sa beauté ne consiste que dans les convenances des nombres et dans le compte, dont nous ne nous apercevons pas, et que l'âme ne laisse pas de faire, des battemens ou vibrations des corps sonnants qui se rencontrent par certains intervalles. Les plaisirs, que la vue trouve dans les proportions, sont de la même nature, et ceux que causent les autres sens reviendront à quelque chose de semblable, quoique nous ne puissions pas l'expliquer si distinctement.*" Da habe ich nun zunächst eines Unterschiedes von den baumgartenschen Definitionen zu gedenken, der, wie ich schon andeutete, den meisten Besprechungen dieser Stelle zu starkem Tadel oder eifriger Entschuldigung der Anschauung Leibnitzens vom Schönen und von der Kunst Anlass gegeben hat. Nach Baumgarten ist die Schönheit *perfectio sensitivae cognitionis* oder *phänomenon*. Den Terminus *perfectio* aber hatte Wolff, z. B. in der Ontologie,²) die mir gerade zur Hand ist, so definirt: *p. est consensus in varietate seu plurium a se invicem differentium in uno*. Ganz dasselbe nun besagt auch die Erklärung Baumgarten's: *Si plura simul sumta unius rationem sufficientem constituunt, consentiunt, consensus ipse est perfectio*,³) oder einfacher: *p. est consensus plurium inter se ad unum*.⁴) Für jeden, der diese Ausdrücke mit den leib-

---
¹) bei Erdmann, op. phil. Leibnitii S. 717 f.
²) *Philosophia prima sive Ontologia autore Christiano Wolfio*, Frankfurt und Leipzig 1730 § 503. Der folgende Paragraph enthält die entsprechende Definition der *imperfectio*.
³) Metaphys. § 94 (edit. VI).
⁴) nach § 18, 19, 20 der aesthet.

nitzischen vergleicht und die Terminologie der drei Philosophen kennt, muss es klar sein, dass der *consensus plurium* etc. etwa dasselbe besagt wie dort das *se rencontrer par certains intervalles* und die „*convenances*, welche unsere Seele nicht unterlässt vorzustellen, zu erkennen, ohne dass wir selbst uns dessen bewusst sind", durch welche letztere Wendung das vorher kurz ausgedrückte Prädikat *confusément connu* umschrieben wird.

Aber freilich, ich habe bis jetzt ja Leibnitz nicht vollständig wiedergegeben: er spricht ja nicht von verworren vorgestellten (= sinnlich angeschauten) harmonischen Verhältnissen überhaupt, sondern von Zahlenverhältnissen und von einem unbewussten Zählen der Seele. Darin soll nun eine ganz rohe, barbarische Auffassung des Schönen offenbaren, die z. B. Guhrauer sich nur zu erklären weiss durch Kombination mit jener uns jetzt wunderlich und capriciös vorkommenden Idee einer allgemeinen Charakteristik *(spécieuse générale)*, die den grossen Philosophen fast sein ganzes Leben hindurch beschäftigt hat. „Aus derselben Einseitigkeit," sagt Guhrauer, „wonach Leibnitz die Wahrheiten der Moral und Metaphysik durch Rechnung zu entdecken versichert war, also ein Unendliches in das Endliche herabzog, entsprang auch seine beschränkte Ansicht und Definition der Kunst, welche er, in dem Streben der Analysis, aus dem Bereiche der Idee in das Gebiet der Sinnlichkeit und zwar der dunkeln Vorstellung endlicher Verhältnisse herabsetzte, mithin von der Idee in der Kunst, dem begeisternden, objektiven Principe derselben, keine Ahnung hatte." Und weiter: „Die Musik definirt Leibnitz als eine Arithmetik der Seele, welche nicht weiss, dass sie zählt, und in diese dunkle Arithmetik setzt er das Wesen des Vergnügens bei der Musik, sowie das Vergnügen an der Mahlerei und Poesie durch das dunkle Wahrnehmen der Proportionen und Rhythmen."¹) Auch Kuno Fischer hält es zwar S. 348 „für ein Unrecht am Geiste der leibnitzischen Philosophie", wenn man jene Aeusserung nur „von ihrer mangelhaften Seite" verstehen wollte, welche die ästhetische Vorstellung bei Leibnitz wie eine bewusstlose, dunkle Mathematik erscheinen würde. Vielmehr, sei die dunkle Vor-

---
¹) a. a. O. I, 332 f.

stellung der mathematischen Harmonie und Form ästhetisch, so müsse offenbar dasselbe von der dunkeln Vorstellung oder dem Gefühl jeder Harmonie, jeder Form gelten, und Leibnitz sei weit entfernt, die Harmonie und Ordnung in den Dingen nur mathematisch zu erklären. Indess vierzig Seiten weiter lesen wir: „Die harmonischen oder schönen Formen sind bei Leibnitz noch in nächster Verwandtschaft mit den mathematischen Bildungen", und: „Die ästhetischen Vorstellungen werden von ihm in eine dunkle Mathematik, in ein unwillkührliches Zählen und Messen gesetzt." Hierin ist nach den klaren Worten der besagten Stelle Leibnitzens so viel allerdings im Gegensatz gegen die erste Erklärung Kuno Fischer's richtig, dass jener nicht nur die der musikalischen Schönheit und dem Vergnügen daran, sondern die aller Schönheit und allem Vergnügen der Sinne zu Grunde liegenden harmonischen Verhältnisse „mathematisch erklärt" wissen wollte, wenn dies auch oft schwer scheine *(quoique nous ne puissions pas l'expliquer si distinctement).* Aber sind denn deshalb die harmonischen oder schönen Formen wirklich verwandt mit mathematischen Bildungen? Fehlt nicht letzteren vielmehr, was ersteren wesentlich ist, nämlich die Harmonie, die Schönheit? Oder wer will behaupten und beweisen, dass Leibnitz sage oder meine, eine mathematische d. i. abstrakte Figur oder eine blosse Zahlenreihe, durch welche er die Harmonie einer concreten Erscheinung gleichsam begrifflich darstellt, meinethalb auch „erklärt", in welche er sie auflöst, — diese sei an sich schön? Es ist hier wieder einmal ein Fall, wo die scharfsinnigsten, gelehrtesten Leute das Nächste suchen und zum Fernsten greifen (so Gubrauer!), ein Fall, der zugleich die verbreitete Neigung zu der süssen Bequemlichkeit beweist, einmal ausgesprochenen Ansichten sich anzuschliessen. Ich denke, es will wie das Ei des Kolumbus nur hingestellt sein, und es wird gar keiner weiteren Beweise und Rederei bedürfen, um von der Richtigkeit der Bemerkung zu überzeugen: dass Leibnitz hier vielmehr mit genialem Blick eine Idee vorausgenommen hat, mit deren Auffindung in unserem Jahrhundert ein scharfer Denker der ästhetischen Disciplin ganz neue, allein erspriessliche Bahnen und eine neue Aufgabe vorgezeichnet zu haben glaubte: den Gedanken nämlich, dass,

wie alle sittlichen Urtheile und Werthe sich auf eine Anzahl einfacher ethischer Ideen zurückführen, unter die Kategorien weniger sittlich wohlgefälliger Urverhältnisse subsumiren liessen, so auch allen concreten schönen Formen und allem ästhetischen Gefallen bestimmte räumlich und deshalb geometrisch oder arithmetisch auszudrückende wohlgefällige Urverhältnisse zu Grunde lägen, durch deren Aufsuchung die Schönheit, wenn schon nicht auf Einen Begriff, so doch auf Begriffe, auf Hauptregeln zurückgeführt würde.

Ueber die Bedeutung dieser Ansicht, die Herbart bekanntlich aufgestellt, Fechner und Zeising namentlich praktisch durchzuführen versucht haben, über die Stellung, die Lessing, die Kant, die der Idealismus, die Lotze zu derselben einnimmt, werde ich unten in grösserem Zusammenhange mich auszusprechen haben. Dagegen habe ich zur Würdigung und zum Verständniss ihres Vorkommens schon bei Leibnitz, worauf ich später nicht zurückkommen will, hier noch Einiges beizufügen. Es offenbart sich nämlich auch hierin recht deutlich die unvergleichliche geistige Universalität, die einen Hauptcharakterzug in des Mannes Persönlichkeit ausmacht, die Gabe, in allen Verhüllungen die Wahrheit zu erkennen, Gold aus der Schlacke, Licht aus der Finsterniss zu ziehen. Es zeigt sich hier das Talent, das ihn befähigte, sämmtliche früheren philosophischen Richtungen und Systeme durch Aufnahme ihrer Wahrheitsmomente in sich zu vereinigen und zu überwinden; jenes ihn auszeichnende Gleichmass physikalischer Methode und Genauigkeit (wie sie später Kant im höchsten Grade besass), und spekulativen Tiefsinns, vermöge dessen er nicht nur der späteren idealistischen Entwicklung sichtlich den Ueborgang vermittelt hat, sondern auch den realistischen Richtungen in wichtigen Punkten ein Vorgänger geworden ist. Ja, Leibnitz tritt uns hier wieder einmal vor Augen als wahrhaftig *chargé du passé, gros de l'avenir.*

Indem ich vor seine Meinung noch etwas näher eingehe, treten uns, was nicht Wunder nehmen wird, auch damit verbundene Mängel entgegen, und zwar gerade solche, wie sie auch der ästhetischen Richtung Herbart's und seiner Schule vornehmlich anhaften. Es fiel ihm zwar, wie ich schon bemerkte, nicht ein, abstrakt mathematische Verhältnisse, blosse

Zahlenreihen, gleichviel welcher Art, für schön zu erklären, aber auf der anderen Seite bin ich, wenn z. B. Guhrauer sagt, „Leibnitz würde in seiner allgemeinen Charakteristik einen ästhetischen Calcül zur Composition in Musik und Mahlerei gegeben haben", gegen diese Vermuthung ebenso wenig, wie ich oben Kuno Fischer's Wendung „die Harmonie, die Schönheit mathematisch erklären" von Leibnitz abgewehrt habe. Vielmehr deute auch ich seine Aeusserungen so, dass er durch die Analyse und (sei es) arithmetische (sei es geometrische) Bestimmung jener *convenances des nombres, certains intervalles, proportions* das Wesen und Geheimniss der Schönheit völlig erklären und enträthseln zu können geglaubt habe. Ganz ebenso setzt ja auch die herbartsche Schule — ich halte mich vornehmlich an Zimmermann — das Wesen der Schönheit in den ganz objectiv gefassten Begriff der Harmonie und stellt nun der Aesthetik die Aufgabe, durch Untersuchung der in der letzteren befassten, sie bildenden, zusammensetzenden mathematischen Urverhältnisse ihr, und damit der Schönheit Wesen, soweit möglich, deutlich zu begreifen. Ich bewundere die Schärfe und Klarheit, mit welcher Lotze die Meinung derer, die, wenn sie die Schönheit in der Harmonie bestehen lassen, wirklich etwas erklärt zu haben glauben, als eine wahnschaffene, auf mangelhafter Prüfung der Thatsachen oder auf einer „Erschleichung" beruhende nachgewiesen, mit der er ferner der von Herbart gestellten Aufgabe die Bedeutung nicht einer Erklärung, sondern nur einer Bezeichnung und genaueren Bestimmung einer bekannten Thatsache beigelegt hat.¹) Bei einer anderen Gelegenheit habe ich davon näher zu reden. Doch trifft dieses Urtheil Leibnitz viel gelinder als Herbart, da jener in seinem System der Harmonie, in dem Begriff des Mikrokosmus für die Auffindung des allgemeinen metaphysischen Grundes der Schönheit wohl die vorzüglichste Anregung hatte,²) aber die genaue psychologische Bestimmung des humanen Faktors im Produkt der Schönheit, die Bezeichnung des der menschlichen Seele einwohnenden Werthgefühls als des lebendigen Quells der Schönheit auf der geistigen Entwickelungsstufe seiner Zeit unmöglich war.

¹) a. a. O. S. 275 und sonst. ²) a. a. O. S. 9.

Wahrlich, jene kurze Aeusserung Leibnitzens ist ein rechtes Fruchtfeld voll von Keimen, die künftig spriessen sollten. Uebersetzt man sie in unsere Sprache, so zeigt sich, dass auch ihm das Angenehme, das Schöne, das Gute Glieder einer und derselben Reihe waren, eine Anschauung, die Lotze in seinen Abhandlungen über den Begriff der Schönheit¹) und in seiner Geschichte der deutschen Aesthetik²) zur Grundlage der Aesthetik gemacht hat. Doch hierauf begnüge ich mich im Vorübergehen die Aufmerksamkeit zu lenken.

In dem Punkt, dem die vorige längere Episode gewidmet war, ist also Baumgarten den Schritten seines Meisters nicht gefolgt. Ueberhaupt ist nach dem Gebrauch, den er bei einem ausdrücklichen Hinweis auf die besagte Stelle der *principes de la nature etc.* von derselben macht,³) nicht wahrscheinlich, dass er ihren Inhalt völlig erfasst, und so durch sie speciell zu seiner Aesthetik geführt worden sei, wie von letzterem denn das Gegentheil nach dem oben Auseinandergesetzten feststeht. Während ich demnach oben ein Leibniz allein nachzurühmendes Verdienst berühren durfte, so muss ich dagegen Kuno Fischer widersprechen, wenn er auch insoweit, als ich oben die Bestimmungen Baumgarten's und Leibnitzens vorläufig für etwa dasselbe besagend erklärte, dem letzteren einen Vorzug vor jenem vindicieren will. Vielmehr denke ich nun zu zeigen, dass beide im Uebrigen der Sache nach durchaus übereinstimmen.

Kuno Fischer behauptet, obwohl der Begriff Baumgarten's „sinnliche Vollkommenheit" dasselbe sage *(sic!)* als die leibnitzische Erklärung einer dunkel erkannten Harmonie, so scheine ihm doch letztere die baumgartensche Definition an Tiefe und Reichthum zu übertreffen. „Harmonie" sage mehr⁴) (!) als der abstrakte Begriff der „Vollkommenheit", denn sie weise auf die Form, die in jeder ästhetischen Vorstellung das objective Element ausmache. Die dunkle Perception bezeichne die „Gemüthsstimmung", den Seelenzustand, worin die Aesthe-

¹) Göttinger Stud. 1845 s. 47.
²) p. 219 ff.
³) aesthet. § 51.
⁴) Die Logik im Detail dieser Stelle will ich nicht mit dem Secirmesser prüfen.

tische Vorstellung stattfindet. Leibnitz rücke somit dem Geheimniss des Schönen viel näher als Baumgarten. Dieser verknüpfe das niedere Erkenntnissvermögen mit dem metaphysischen Object. Leibnitz die Seelenstimmung mit dem Formbegriff. Kurz, letzterer berühre zugleich die Poesie des Schönen. Auf das Dunkele, Verborgene, Irrationale in der ästhetischen Gemüthsstimmung, auf das, was Göthe meine, wenn er sage, jedes wahre Gedicht müsse dunkel sein, auf den unwiderstehlichen Zauber jeder echten ästhetischen Vorstellung deuteten die Sätze Leibnitzens. Er inklinire hiermit auf Kant. Das Aesthetische bestehe auch für Leibnitz in dem Gefühle der Lust oder Unlust; und, weil Stimmungen oder Gefühle niemals durch Begriffe ausgedrückt werden können, dürfe Leibnitz so gut als Kant vom Schönen sagen, dass es ohne Begriff gefalle. Der Unterschied zwischen beiden sei nur, dass Leibnitz das Gefühl als Vorstufe des logischen Erkennens, Kant als eine andere Seelenkraft auffasse.[1])

Hätte Kuno Fischer die Consequenzen des letzten Sätzchens sich recht vergegenwärtigt, so würde wohl seine Auseinandersetzung anders geworden sein. So aber höre ich in derselben den guten Vater Homeros förmlich schnarchen: es ist in derselben nicht weniger als alles faul. Also dunkel erkannte Harmonie wäre nach Leibnitz die Schönheit? Ich hätte dagegen nichts, wenn Kuno Fischer nicht gerade auf das Wort Harmonie so grosses Gewicht legte und es wie eine Citrone auspresste. So aber muss ich einwerfen und darauf bestehen, dass Leibnitz nur von „convenances" und von „proportions confusément connus" spricht. Damit verliert die fischersche Argumentation an Einer Stelle gleich Grund und Boden, denn sie schlug eben speciell aus dem Worte Harmonie Kapital gegen Baumgarten. Nun, sehen wir aber doch weiter: *perfectio* ist nach Baumgarten: *consensus (in varietate sive) plurium inter se (invicem differentium) ad unum*.[2]) Ist das denn noch irgend etwas Anderes, als die leibnitzischen Ausdrücke besagen? Zum Ueberfluss braucht Baumgarten selbst gelegentlich[3]) für

[1]) Kuno Fischer, a. a. O. p. 350 ff.
[2]) vergl. oben S. 60 f. Die im Text eingeschalteten Zusätze nach Wolff dienen zur Erläuterung der Baumgartenschen Definition.
[3]) z. B. aesth. § 32.

perfectio, imperfectio die Ausdrücke: *proportiones, disproportiones*. Uebrigens ist auch gegen den Ausdruck *perfectio* wenigstens in der Hinsicht, in welcher Kuno Fischer ihn tadelt, gar nichts einzuwenden. Derselbe führt in der Anmerkung zu S. 352 Mendelssohn in's Feld, der „gegen Baumgarten richtig die Schönheit von der Vollkommenheit unterschieden wissen wolle". Was soll das? Ist's ja doch Baumgarten nicht eingefallen, die zu verwechseln. Nur die sinnliche, die Form-Vollkommenheit ist ihm Schönheit.

Ferner soll dunkle Perception nach Kuno Fischer die Gemüthsstimmung, den Seelenzustand, worin die ästhetische Perception stattfindet, bezeichnen. Es soll damit das Geheimniss, der unwiderstehliche Zauber des Schönen berührt sein. Leibnitz soll an Kant herantreten. Das kommt mir in der That vor, als ob nicht ein ausgezeichneter Kenner Leibnitzens, der eben eine sonst vorzügliche Darstellung seiner Lehre giebt, sondern ein Idiot in diesem Punkt, der auf eigene Faust unter dem Ausdruck „dunkele Perception" sich etwas zu denken sucht, es geschrieben hätte. Hören wir doch, wie Fischer selbst an mehreren Stellen mit leibnitzischen Worten die dunkele, genauer: verworrene Perception erklärt, z. B. S. 270: „wenn die vorstellende Kraft das Vorgestellte von anderem, aber nicht von sich unterscheiden kann und also auch nicht die Factoren desselben auseinander halten kann, ... so heisst dies eine verworrene Vorstellung *(idée confuse)*." Das ist genau dasselbe, was wir jetzt (nach Kant) mit dem Ausdruck Anschauung bezeichnen, und wofür Baumgarten *repraesentatio, cognitio sensitiva* und oft genug auch *confusa* braucht. Seelenstimmung aber, Gemüthsstimmung, Gefühle, Lust, Unlust, das sind Begriffe, die in Leibnitzens Psychologie einerseits durchaus nur eine Nebenstellung einnehmen, andererseits keineswegs der Sphäre der verworrenen Perceptionen allein zukommen. Die Lust, die Freude ist bei Leibnitz ein Gefühl der Vollkommenheit, die Unlust, der Schmerz ein Gefühl der Unvollkommenheit. In der Freude äussert und bethätigt sich unsere Kraft, die im Schmerz eingeschränkt und gehemmt wird. Freude ist Kraftgenuss, denn die Kraftäusserung ist die Ausübung der Vollkommenheit. Der höchste Grad der Freude oder der Kraftäusserung eignet der klaren, deutlichen

Vorstellung; das Leiden besteht aber in der Verwirrung und Verdunkelung der vorstellenden Kraft.¹) Die die verworrene Vorstellung, welche zugleich die ästhetische ist, begleitende Lust ist also hiernach nur von geringerem Grade.

Wir haben oben schon gesprochen über den Begriff *gustus, le goût* bei Baumgarten und Leibnitz, welcher besonders von den Franzosen her sich die Stellung eines *terminus technicus* in der ästhetischen Diskussion erworben hatte, und mit welchem man im mehr unbewussten Gebrauch sicher dasselbe auszudrücken beabsichtigte, was wir jetzt darunter verstehen. Trotzdem sahen wir, dass, wenn er definirt, seine Bedeutung zu wissenschaftlicher Klarheit gebracht werden sollte, zuerst das niedere Erkenntniss-, verworrene Vorstellungs-Vermögen darunter verstanden wurde, nur nebenher das dessen Actionen begleitende Gefühl. „*Le goût distingué de l'entendement consiste dans les perceptions confuses*", so Leibnitz in der wiederholt erwähnten Stelle. Wenn er also vom Schönen sagte, dass es ohne Begriff gefalle, so hätte das einen ganz anderen Sinn als bei Kant. Dieser will damit ausdrücken, dass die Geschmacksurtheile ursprüngliche, durch Reflexion nicht aufzulösende, begrifflich nicht zu zergliedernde Erlebnisse und Thätigkeiten der menschlichen Seele sind, die absolut keine Erkenntniss mit sich bringen. Er will dem ästhetischen Doktrinarismus die Wurzel abschneiden, will das Gefühl, in dessen Bereich das Schöne seinem Wesen nach gehört, als eine andere Seelenkraft unterscheiden vom Intellekt. Bei Leibnitz dagegen würde es bedeuten: es ist im Schönen keine deutliche, sondern nur verworrene Erkenntniss enthalten.

Doch es ist wohl überflüssig, dass ich Zeit und Mühe verwende, Dinge zu beweisen, die nur gesagt, mit bewiesen zu werden bedürfen. Uebrigens wird auch bei anderen der leibnitzische Ausdruck „dunkel" gemissbraucht. So zählt Schasler²) folgende zwei Bestimmungen als von einander verschieden auf:
a) dass das Schöne von den Sinnen wahrgenommen werde,

¹) Leibnitz nouv. ess. II, 21, S. 201: ... le plaisir est un sentiment de perfection, et la douleur un sentiment d'imperfection. p. 269: toute action est un acheminement au plaisir, et toute passion un acheminement à la douleur. vergl. Kuno Fischer a. a. O. Cap. XIV, Nr. 3.
²) a. a. O. S. 356.

b) dass die aus der Wahrnehmung geschöpfte (!?) Vorstellung dunkel sei. Jedoch sinnliche Wahrnehmung und dunkele Vorstellung ist bei Leibnitz dasselbe. Schasler wandelt hier aber wohl in den Spuren Zimmermann's, bei dem es mit nur ein wenig anderen Worten lautet: „es gehört zur Schönheit der Vollkommenheit nothwendig 1) dass dieselbe erscheint, 2) dass ihre Erkenntniss auf einem dunkelen Urtheil beruht." Auch Baumgarten's Aesthetik wird, wie wir unten sehen wollen, in gleicher Weise mit Unrecht von Manchen zur kantischen hinaufgeschraubt.

Um also kurz das Facit zu ziehen: Die grundlegenden Definitionen der Aesthetik Baumgarten's finden sich, zwar nicht in vorzüglicherer, aber in gleichwerthiger Gestalt schon bei Leibnitz. Jene erscheint also auch hierdurch gleichwie eine neben vielen anderen durch Naturnothwendigkeit aus der leibnitzischen Philosophie als eminenter Ursache sich ergebende Wirkung, und ihr Verfasser dem grossen *signifer* der Aufklärung zu höchstem Dank verpflichtet. Damit wird die Grösse von Baumgarten's eigenem Verdienst nicht um ein Haar verkürzt, denn wir wissen: eine Wissenschaft der Aesthetik mit diesen Grundbegriffen vertrug das System der Harmonie nicht. So sind Leibnitzens Aeusserungen geistvolle Aphorismen, während Baumgarten die in ihnen enthaltenen Gedanken in folgerichtigen Zusammenhang mit den freilich dabei zerbrechenden Principien des Systems brachte.

Weiter scheint mir an der Aesthetik Baumgarten's lobenswerth, dass sie die schöne Form nicht rein begrifflich, inhaltlos, mathematisch fasst, oder, was ganz dasselbe besagt, nicht in einer abstrakten, gegenstandslosen Vollkommenheit oder Harmonie die Schönheit gefunden hat. Eher könnte man ihr, — wovon die Rede sein wird, — vielleicht vorwerfen, dass sie sich vor dem anderen Extrem nicht genug gehütet und trotz ihrer in pronuncirtem Gegensatz dazu stehenden, wieder und wieder betonten Grundtendenz in eine stoffliche Auffassung des Schönen zuweilen verfallen sei. Nun behaupte ich, dass auch bezüglich dieses seinem Werk ertheilten Lobes Baumgarten seinem Meister Leibnitz Dank schulde. Das mag zunächst Verwunderung erregen. Zwar damit, denke ich, wird man mir nicht entgegentreten wollen, was Lotze scharfsinnig herausgestellt hat, dass es nämlich nach der leibnitzischen Lehre im Grunde an einem unabhängigen Thatbestand und Inhalt der Welt, der in der gegenseitigen Spiegelung der Monaden genossen würde, überhaupt fehlt. Indem, was jede Monade zu spiegeln findet, nur die Art und Weise ist, wie sie sich selbst in anderen und diese anderen sich in einander spiegeln; indem das Weltall aus denselben spiegelnden Monaden besteht, denen zwar verschiedene Standpunkte zu einander zugeschrieben werden, ohne dass jedoch die relativen Lagen derselben bestimmt, ein Bauplan der Welt aus ihnen zusammengesetzt wurde.¹) Hiermit, sage ich, wird man mir nicht entgegentreten wollen. Denn dieser Mangel einer Uebersicht über die Gliederung der Welt ist doch a) von ganz allgemeiner Bedeutung für die Lehre und b) ein zufälliger und unabsichtlicher. Aber daran wird man sich erinnern, dass ich oben selber Leibnitz die Meinung zugeschrieben habe, die Schönheit gründe sich und beruhe auf gewissen mathematischen Verhältnissen, auf blossen harmonischen Zahlenreihen. Ganz recht; indess damit ist noch nicht ausgemacht, dass diese Ansicht mit des Philosophen sonstigen Anschauungen in einem Kausalzusammenhang stehe, dass sie aus ihnen selbst ihm ergeben habe. Ich glaube vielmehr: in der Freude über, oder, da ich es mit einem Leibnitz zu thun habe, schlechthin aber der Entdeckung der Thatsache, dass bestimmte, wiederkehrende, in Zahlen ausdrückbare Verhältnisse den concreten schönen Formen zu Grunde liegen, hat er dieselbe mit der Entdeckung einer Erklärung des Schönen verwechselt, — wie das eben Anderen in der neuesten Zeit auch so gegangen ist. Dagegen ist eine abstrakte Scheidung von Form und Inhalt, eine inhaltslose Fassung des Formbegriffs mit dem System der Harmonie so wenig verträglich, dass vielmehr die Form nach dessen Principien die Seele, die eigentliche, untheilbare Substanz der Monade, die den positiven, immateriellen Kern derselben bildende Vorstellungskraft selbst repräsentiert. Und in der That, man mag die Form eines Dinges noch so körperlich auffassen, immer erscheint sie als die Ordnung, welche das Mannigfaltige zu einem Ganzen verbindet und die Uebereinstimmung der Theile desselben bewirkt, als die Kraft der Einheit, die in allen Theilen und Bewegungen eines Körpers gegenwärtig ist, als ein einmüthiges Ganze, worin jeder Theil in genauestem Zusammenhang steht mit allen übrigen, worin jeder Theil, weil er nur im Ganzen existiert, das Ganze selbst vorstellt. Einheit, Ordnung, Zusammenhang lassen sich aber niemals sinnlich darthun, sondern können nur vorgestellt werden. Die Formen sind also Vorstellungen und zwar, nach leibnitzischem Dogmatismus, objective Vorstellungen, d. h. „solche, die in den Dingen selbst existieren und darum vorstellende Kräfte in den Dingen, selbst beweisen". Die Vorstellung ist hier also nicht ein psychologischer Begriff, sondern „eine Naturkraft, ein universelles oder metaphysisches Princip".¹) Die Aenderungen aber von sensualistischem Anschein, welche diese genialen Entdeckungen — so darf man sie nennen — in Wolff's Ontologie und Kosmologie zu Gunsten der blossen Verstandesconsequenz erfuhren, und die ich oben schon näher charakterisiert habe, sind zwar erheblich genug, aber sie führten in Bezug auf die natürlichen Wissenschaften, auch auf die Psychologie, von der die Aesthetik Baumgarten's ihre Principien entlehnt, keine Veränderungen mit sich. „Denn sogar die Idealisten," sagt Wolff ausdrücklich in den vernünftigen Gedanken von Gott etc. § 757,²) „welche die wirkliche Gegenwart der Welt ausser der Seele leugnen, müssen ja die natürlichen Begebenheiten auf eben dieselbe Art erklären, wie diejenigen, welche die Welt ausser der Seele gegenwärtig erkennen", — und natürlich umgekehrt letztere wie die ersteren.

Worauf ich also hinaus wollte, nämlich auch hier wieder an einem Baumgarten gespendeten Lobe Leibnitz Theil nehmen zu lassen, das scheine ich erreicht zu haben. Aber da rücken aus Zimmermann's Geschichte der Aesthetik noch zwei gewaltige Fragezeichen mir entgegen: nämlich einmal leugnet er zwar nicht, dass in manchen neuen Beziehungen, besonders in dem Kapitel vom Heterokosmischen, eine inhaltsvolle, concrete Fassung der schönen Form, — was für Zimmermann freilich im Hand-

¹) Lotze a. a. O. S. 13 f.

¹) vgl. Kuno Fischer, a. a. O. Cap. V, S. 128 ff. Cap. VIII, S. 217 ff.
²) Erdmann, a. a. O. S. 320.

umdrehen „eine stoffliche Fassung des Schönen" wird, — von Seiten Baumgarten's sich offenbare, doch sieht er hierin nur eine Unfolgerichtigkeit gegenüber der anfänglichen, wirklichen Tendenz der Aesthetik, nach welcher in einer inhaltslosen, rein an sich wohlgefälligen Vollkommenheit die Schönheit bestände. Und zweitens: diese angebliche Grundtendenz scheint ihm alles Lobes würdig.

Ich gehe zuvörderst auf die erste Behauptung ein, und zwar will ich Zimmermann's darauf bezügliche Darlegung in etwas verkürzter Gestalt, wie meine Auszüge sie mir bieten, mittheilen. „Das ästhetische Empfinden," sagt er auf Seite 170, „gewährt nach Baumgarten eine wirkliche Erkenntniss; welche? darüber lässt der formalistische Sinn des Wortes Vollkommenheit in der ganzen Wolff'schen Schule im Ungewissen. Doch gerade die nur formelle Bedeutung ist seinem Gebrauch in der Aesthetik günstig.... Die Uebereinstimmung der Theile zum Ganzen ist etwas so entschieden Wohlgefälliges, dass man darüber vergisst, dass es der baumgarten'schen Aesthetik an das Gefallen gar nicht zu thun ist.... Vollkommenheit ist nach Wolff das Gute, sinnlich erkannte Vollkommenheit das Schöne. Sie ist auch der Inhalt des Wahren. Wahres, Gutes, Schönes ist eins, ihre Verschiedenheit ist phänomenologisch. Im Grunde jedoch (?) ist das unter sich Uebereinstimmende nur schön, ohne dass es deshalb weder wahr noch gut zu sein nöthig hätte.... Die Harmonie an sich ist eine blosse ästhetische Eigenschaft... Das Inhaltsleere tadelnswerth bei den höchsten Begriffen der Ethik, ist am Platz in der Aesthetik. Das Gute ist keine blosse Form (?), aber das Schöne besteht nur in Formen... Das dunkle Gefühl dieses formalistischen Irrthums betreffs der Ethik, welches da an Stelle der inhaltlosen Vollkommenheit die inhaltsvollste Vollkommenheit des vollkommensten Wesens einschob, wirkte auch auf die Aesthetik herüber und schob der inhaltslosen, rein an sich als Harmonie wohlgefälligen Vollkommenheit die erfüllte göttliche, die Zweckmässigkeit der besten Welt unter." An diesem ganzen Passus, den ich fürerst nur so weit, als es mein nächster Zweck fordert, in Betracht ziehen werde, ist gleich die Grundlage, von welcher er ausgeht, der erste Satz, durchaus irrig. Denn abgesehen von jenem oben Besprochenen, von Lotze aufgedeckten Mangel der leibnitz-wolff'schen Philosophie, auf welchen ja Zimmermann sich auch selbst stützt, lässt uns dieselbe über den Inhalt sowohl der deutlichen als der verworrenen (ästhetischen) Erkenntniss durchaus nicht im Ungewissen: es ist die wirkliche Welt, die nach Leibnitz jede Monade, nach Wolff jede menschliche Seele vorstellt. Auch fällt es Baumgarten gar nicht ein, jemals, weil „angeschaute Vollkommenheit" - als der Begriff der Schönheit natürlich inhaltslos, gegenstandslos, unconcret ist, darum auch das concrete Schöne, das einzelne Beispiel des Begriffs der Schönheit leer und abstract zu fassen, oder, was dasselbe ist, die „angeschaute Vollkommenheit", den inhaltslosen Begriff der Schönheit selbst wieder für schön zu erklären, wenn schon dieser Fehler sonst häufig gemacht wird und, wie wir sehen werden, in der Aesthetik die Antipoden gleichmässig in die Irre geführt hat. Sie ist für Baumgarten schlechthin „das unter sich Uebereinstimmende" schön, nie der *consensus* an sich (= *perfectio*), sondern stets nur das concret erscheinende unter sich Uebereinstimmende, der *consensus phaenomenon*. Zimmermann operirt nur mit den Ausdrücken der baumgarten'schen Definition und führt einzelne Stellen zum Beleg für seine Auffassung nicht an: dadurch setzt er mich in Verlegenheit, denn ich habe auch nicht die Absicht, Letzteres zu thun, aber, denke ich, aus etwas anderem Grunde. Ich muss nämlich behaupten, dass Zimmermann's Auslegung der ästhetischen Ansicht Baumgarten's durch keine einzige Stelle sich beweisen lässt; wollte ich dagegen meine Darstellung mit Stellen belegen, so würde mir die Wahl schwer werden; denn es spricht dafür das ganze Buch. Nur Eine besondere Erklärung, die am Ende noch auf die concrete Fassung der Form bei Baumgarten hinweist, will ich, durchaus nicht, weil sie besonders beweiskräftig wäre, sondern weil sie auch anderweitig von Interesse ist, besonders anführen. Nämlich gleich zu Anfang, § 15, wird mit ausdrücklicher Rückbeziehung auf Aristoteles und dessen bekanntes Beispiel von dem sieben hundert Stadien langen Thier, der, auch von Sulzer hervorgehobene, Satz aufgestellt, dass weder zu grosse noch zu kleine Gegenstände, deren Vollkommenheit entweder nicht mehr oder noch nicht wahrgenommen wird, unter die Schöne zählen. Die abstract gefasste Formvollkommenheit, die Harmonie rein an sich ist doch dem grössten wie dem kleinsten Object, sofern es Organismus ist, nicht abzusprechen. Aber es fehlt ihr, um Schönheit zu begründen, um ästhetisches Wohlgefallen zu erwecken, nur die Möglichkeit concret zu werden; nicht bloss in abstracto sinnlich, formirt, anschaubar zu sein, sondern in facto uns zu erscheinen. Nun, für eigene wissenschaftliche Ansichten sucht und findet man wohl gern bei älteren Vertretern derselben Wissenschaft Beistimmung, oder, mit der Brille, mit der man selbst eine Sache ansieht, sieht man oft auch die an, die sich gleichfalls mit derselben Sache befasst haben. Hat doch Zimmermann auch Lessing, Kant, Schiller und andere in derselben Beziehung mehr oder minder unrichtig verstanden, wie dies von Lotze dargethan worden ist.

Aber wie steht es denn nun um Zimmermann's in Rede stehende ästhetische Ansicht selber? Ich habe andeutungsweise zwar mein Urtheil aber dieselbe im Gesagten schon mit ausgesprochen, will aber jetzt entsprechend der Wichtigkeit dieses Punktes ausführlich darauf eingehen, wobei auch für eine Kritik des extrem entgegengesetzten Standpunktes Gelegenheit sich finden wird. Ich darf im Interesse meiner Aufgabe mich dieser Untersuchung nicht entziehen, denn wie kann ich mir anders das Recht erwerben, den in Rede stehenden Punkt für ein Verdienst oder für einen Fehler Baumgarten's und damit auch Leibnitzens zu erklären?

Scharf und bestimmt genug hat Zimmermann gerade in der angeführten, Baumgarten betreffenden Stelle seine Meinung ausgesprochen, dass das Schöne nur „in inhaltsleeren Formen" oder „in einer blossen Form" oder der selbständige Werth des Inneren ebenso gleichgültig sei, wie eine verborgene Goldfüllung für die Schönheit einer Statue. Was Lotze hierzu[1]) gesagt hat, will ich nicht wiederholen. — Ferner, um dies noch zu erwähnen: Kant, an dem andere auszusetzen haben, dass er die Schönheit zu ausschliesslich in blossen Formen suche, wird von Zimmermann getadelt, weil er dieselbe nicht formell genug gefasst habe. Nicht im Einklang erregter Seelenkräfte, sondern im Einklang, in der Harmonie schlechthin beruhe sie, weil die Seele, um Lust an der Harmonie der eigenen Kräfte fühlen zu können, vorher Einklang überhaupt als etwas Werthvolles ansehen müsse.

Wie ich oben nur beiläufig und andeutend erwähnte, hat Lotze scharfsinnig und einleuchtend bemerkt[1]), dass erstens, wenn es überhaupt Sinn haben soll, zwei formal verschiedene Beziehungsweisen gleicher Elemente als Einklang oder Misklang zu bezeichnen, die Vergleichung beider mit einem Musterverhältnis unerlässliche Bedingung ist, und dass zweitens die gewöhnliche, unmittelbare Beziehung und Deutung dieser Ausdrücke auf das Schöne und Hässliche in einer mit dem Doppelsinn derselben spielenden Erschleichung ihren Grund habe. Denn indem wir sie aus der musikalischen Theorie entnehmen, um zuvörderst nur die Thatsache des Fehlens oder Vorhandenseins jener Uebereinstimmung mit einem Musterverhältnis zu bezeichnen, haben wir in der Stille doch den Gedanken an Lust oder Unlust, die diese Verhältnisse in uns erzeugen, nicht in sich enthalten, bereits in sie eingeschlossen. Den Begriff eines Werthes klar zu machen, der dem formalen Verhältniss zwischen Mannigfachem an sich, objectiv zukäme, und den die auffassende Erkenntniss nicht erst erzeugte, indem sie ihn mit einem ihr vorschwebenden Idealbild in Einklang oder Widerspruch sähe, sondern schon vorfände, dies scheint ein Ding der Unmöglichkeit. Herbart hatte gegenüber einem Idealismus, der allein in dem vollkommenen Erkennen das höchste Gut des Daseins sah und das von Kant in den Begriff des Schönen eingeführte subjective Moment des Gefühls fallen liess, mit Bestimmtheit ästhetische und theoretische Urtheile wieder unterschieden. Für die auffallende Erscheinung, dass er trotzdem dem Gefühl die frühere Stellung nicht einräumte, hat Lotze fein in einer sehr wohl möglichen Verwechselung des ästhetischen Urtheils mit dem logischen das psycholo-

[1]) a. a. O. S. 27.

[1]) a. a. O. S. 60 ff.

gische Motiv vermuthet. Den Standpunkt Herbart's nun hat Zimmermann mit der grössten Schroffheit auf die Spitze getrieben. Dem gegenüber müssen wir also die besagte, von Kant der Aesthetik errungene Position als einen ewig unverlierbaren, werthvollen Besitz für sie zurückfordern.

Indess, wenn Zimmermann hiernach auch das Wesen der Schönheit entschieden falsch aufgefasst und bezeichnet hat, so könnte er doch darum wenigstens den Gegenstand des Schönen, das, was die ästhetische Erregung und Gefühlsurtheile des Gefallens oder Missfallens, der Werthschätzung oder Verachtung hervorruft, richtig bestimmt haben. Allein noch Abzug des mit Unrecht in jene zimmermann'sche Harmonie, welche die Schönheit ausmachen soll, objectiv mit eingeschlossenen menschlichen Gefallens bleiben uns als Gegenstand des ästhetischen Urtheils nur gewisse mathematische Urverhältnisse übrig, deren häufige Wiederkehr in den concreten schönen Formen der betrachtende Verstand entdeckt hat. Dass aber von solchen abstrakten Raumbegriffen, von Zahlenreihen oder bloss geometrischen Gebilden eins an sich nicht edeler und besser ist als das andere, dass in ihnen kein Grund liegt zu einer Werthabstufung, dass keins von ihnen mehr als das andere im Stande ist, eine Erregung des Werthgefühls in uns und Urtheile des Gefallens oder Missfallens hervorzurufen, dass vielmehr diese mathematischen Begriffe an sich uns herzlich kalt lassen, wird jeder an sich erfahren. Die Lehrer der Mathematik würden wahrlich mit ihren Schülern nicht solche Noth haben, und man würde nicht von letzteren über die Langweiligkeit dieses Unterrichtsgegenstandes so viele Klagen vernehmen, wenn mit demselben ein solches ästhetisches Interesse sich verbände, wie es nach Zimmermann der Fall sein müsste. Die Forderung, dass Schönheit „nur den Formen" zukomme, würde ich als Grundgesetz und Feldgeschrei für die Aesthetik mit beiden Händen acceptiren, aber die mathematischen Formen bei Zimmermann sind blosse Abstraktionen, sind gleichsam Gattungsbegriffe, unter die er die wirklichen, inhaltsvollen schönen Formen begreift und unterordnet. Wenn er diese für die Objecte der Schönheit, für die Ursachen der ästhetischen Erregung ausgiebt, so begeht er einen bei den Alten (besonders Plato) häufigen Fehler, der aber auch uns noch, wie Lotze[1]) in seiner Darstellung Schelling's zeigt, oft genug böse mitspielt, nämlich den Gattungsbegriffen diejenigen Eigenschaften beizulegen, welche in Wahrheit nur an den einzelnen, reellen Beispielen dieser Begriffe vorkommen können. Gerade so falsch, wie es wäre, den ethischen Ideen der Rücksicht, des Wohlwollens u. s. w. an sich selber wieder sittlichen Werth beizulegen; gerade so falsch, wie es wäre, die Idee des Kreises selbst für rund zu erklären, gerade so falsch ist es auch, den aufgefundenen allgemeinen Formverhältnissen, die den schönen Gegenständen eignen, die Fähigkeiten zuzuschreiben, unser Wohlgefallen oder Missfallen zu erregen.

Damit soll über den Werth der Bemühung, jene Verhältnisse aufzusuchen, überhaupt hier nicht abfällig geurtheilt werden. Ich werde mich vielmehr hierüber nachher noch genauer erklären. Auch ist mit dem Tadel oder der Verwerfung dieser (herbartisch-) zimmermann'schen Ansichten die Sache nicht abgemacht, denn „diejenige Kritik", — darin hat Danzel[2]) Recht — „ist die schlechteste von allen, welche die geistigen Erzeugnisse Anderer nur an den Ansichten misst, die man selber bei sich festgestellt hat." Vielmehr gilt es, sich in die Denkarten scharfsinniger Männer zu versetzen, ihre Triebfedern aufzusuchen, die stets darin enthaltenen Wahrheitsmomente aus der Vermischung mit Unrichtigem zu sondern, ihre Lehre geschichtlich zu begreifen. Bei derartiger Betrachtung sind aber gerade oft die charakteristischen Irrthümer der Gelehrten am interessantesten und für ein tieferes Verständniss des Entwickelungsganges der Wissenschaft sowie zur Förderung der eigenen Erkenntniss am meisten geeignet und lehrreich. Fassen wir unter diesem Gesichtspunkt die herbartische Aesthetik und ihre dargelegten Mängeln in's Auge, so erweisen sie sich bald als die nur durch die scharfe Frontstellung gegen extrem entgegengesetzte Standpunkte hervorgerufene Ueberspannung eines an sich ganz richtigen Postulats. Die Aesthetik der Herbart'schen Schule reagiert und kämpft gegen weitverbreitete inhaltliche, „stoffliche" Auffassungen des Schönen, welche in objectiven Beschaffenheiten der Gegenstände, die entweder nur für den Verstand erkennbar oder Gegenstand

[1]) a. a. O. S. 140 ff.   [2]) In seinem Leben Lessings I, 254.

des sittlichen Beurtheilungsvermögens sind, die Schönheit berufen lassen wollen; gegen die moralisierende Aesthetik, welche die Kunst Bettelsuppen brauen heisst für die Sittlichkeit, und gegen den ästhetischen Doctrinarismus und die „Deutelei", die gern immer Gedanken und Erkenntniss zum Inhalt des Schönen und zum Gegenstand des ästhetischen Urtheils machen möchte.

Eine solche Stellung nimmt, wie ich sagte, Leibnitz ein, indem er die Kunst mit unzweideutiger Bestimmtheit specifisch ethische Zwecke hetrayirt. Auch Baumgarten trotz seiner wieder und wieder eingeschärften Lehre: nur mit der sinnlichen Erkenntniss, mit der Erscheinung, der Form habe die Schönheit und die Aesthetik zu schaffen, hat gleichwohl ziemlich häufig sittliche und überhaupt rein inhaltliche Gesichtspunkte in die ästhetische Betrachtung eingemischt. Zwar, was seine Stellung zum sogenannten Heterokosmischen betrifft, gegen die Ritter, Zimmermann, Schasler in dieser Beziehung eigentlich allein ihren Tadel gerichtet haben, so vermag ich in dieser zu solchem keinen Grund zu finden. Aber andere hierher gehörige Aeusserungen wird, wer aufmerksam die *aesthetica* liest, nicht wenige aufzuzählen wissen. Ich will auf § 15, 50, 182, 183, 194, 217, 464, 413, 573, 603, kurz hinzuweisen mich begnügen. Vielfach habe ich bei meiner Darstellung des Inhalts schon auf diesen Punkt Rücksicht genommen. Auch Sulzer's Auffassung, um etwa chronologisch einen Schritt weiter zu gehen, schlägt, während sie zuerst die Formen der Gegenstände Object des Geschmacksurtheils sein lassen zu wollen den Anschein hat, schliesslich in eine stoffliche Betrachtung der Schönheit um. Hierin muss ich Zimmermann[1]) trotz oder vielmehr gerade um der Auslegung willen, die Lotze[2]), wohl ganz richtig, der Meinung Sulzer's giebt, entschieden beistimmen. Denn die Vollkommenheit und die sittliche Hoheit, überhaupt die Beschaffenheit des Inhalts eines schönen Gegenstandes ist, wie Kant's scharfes Auge deutlich sah, wohl im Stande, den Gesammtwerth desselben für unser Schätzungsvermögen schlechthin zu erhöhen, aber zu seiner Schönheit, die durchaus an Formenverhältnissen haftet, vermag sie nicht das Mindeste beizutragen.

---

[1]) a. a. O. S. 170 ff. [2]) a. a. O. S. 28 ff.

Hier ist die erste Stelle, wo in Lotze's vortrefflicher Geschichte der deutschen Aesthetik jene Polemik und jene Entwickelung eines dem zimmermann'schen von Grund aus entgegengesetzten Standpunkts sich anhebt, die von der eine Beurtheilung nach meinem schwachen Dafürhalten zu geben ich mit für den anziehendsten Theil meiner Aufgabe halte. Auch habe ich, um über diesen sowie über einen noch weiter zu besprechenden Punkt (das Heterokosmische) mir Klarheit zu verschaffen, vorzüglich meine Zeit und mein Nachdenken aufgewendet.

Ich habe oben in dem, was an Zimmermann mir auszusetzen schien, mich an die feine Kritik Lotze's vielfach anschliessen können. Nur einer oberflächlichen Betrachtung könnte es verwunderlich erscheinen, wenn ich mit der unbedingten Billigung für das negative Verhalten, welches Lotze zu den ästhetischen Grundanschauungen der Herbart'schen Schule beobachtet, eine gegensätzliche Stellung gegen die positiven Behauptungen desselben verbinde und für sie gerade aus der Herbart'schen Aesthetik und von Zimmermann's scharf ausgesprochenem Gegensatz ein Correctiv zu entnehmen für nöthig erkläre. Vielmehr gerade der Umstand erhöht mein Vertrauen zu meinem Urtheil über beide, dass es mir möglich geworden ist, ihren Gegensatz im tiefsten Grunde auf ein gegenseitiges Missverständniss zurückzuführen, dass ich sie, den einen am andern, Kritik üben lassen kann, und dass es nur das Resultat dieser Kritik, der nach Abscheidung aller durch die Schärfe des Zwistes hervorgetriebenen Ueberspannungen übrig bleibende Rest von Wahrheit ist, was ich als meine Meinung aufstelle. Bei der Verehrung, die ich insbesondere gegen Lotze hege, bei meiner Hochachtung gegenüber seinem scharfen, unbefangenen Verstande würde mir selber meine Meinungsverschiedenheit als windige Arroganz vorkommen und mich mit Misstrauen wider mein eigenes Urtheil erfüllen, wenn ich mit letzterem nicht gerade die Wahrheit auch seines Standpunktes auszusprechen mich überzeugt halten dürfte, wie dies denn durch manche Aeusserungen Lotze's über jeden Zweifel hinaus festzustellen ist. Er hat Zimmermann ganz richtig kritisiert, aber er hat positiv seinen Widerspruch nicht in die richtige Formel gefasst. Die wissenschaftliche Entwicklung lässt sich in eine passende Parallele setzen zur Sprachbildung. Wie da in dem Tasten und Tappen nach und in dem Erfinden von Bezeichnungen für einzelne Gegenstände und für Classen derselben keine Ruhe eintritt, bis durch „unwillkürliche Auswahl", wie Max Müller[1] nach Darwin es ausdrückt, eine Bezeichnung, die dem allgemeinen Streben genug thut, die, was alle zu bezeichnen sich bemühen, am deckendsten wiedergiebt, zur Herrschaft gelangt: ganz ebenso lässt sich von den verschiedenen Versuchen der Lösung eines wissenschaftlichen Problems keiner zum Schweigen bringen, hört keine der ausgegebenen Losungen, weder Schiboleth noch Sibboleth, weder „reine, inhaltslose Form" noch „Form und Inhalt", auf an ihre Berechtigung zu glauben, bis eine Formel hervorspringt, die, was alle sagen möchten, in aller Sinne zum Ausdruck bringt. Diese Formel, meine ich, hat Lotze für unser ästhetisches Problem nicht ausgesprochen, und trotz allem, was er im Einzelnen oft mir aus der Seele schreibt, nimmt er im Ganzen doch einen zu bekämpfenden extremen Standpunkt ein. Mit der richtigen Formel stellt freilich ja auch erst der klare Begriff sich ein.

Um Lotze's Standpunkt in seinen Spitzen zur anschaulichen Darstellung zu bringen, gebe ich, dem Laufe seiner geschichtlichen Entwicklung der ästhetischen Grundbegriffe (im ersten Buche) folgend, die einzelnen Stellen durch, an welche er die Polemik gegen Zimmermann angeschlossen hat. Dies Verfahren hat zugleich den Vorzug, dass wir dabei auch die übrigen Antipoden Herbart's mit anhören.

Ich beginne gleich bei Sulzer. Lotze stimmt der Meinung desselben bei, dass es ein vor andern ausgezeichneter Fall der Schönheit sei, wenn von den zusammenklingenden Elementen ein Theil ein Inneres bildet, mit dessen Natur der andere Theil derselben als Form zusammenstimmt. Die höchste Schönheit aber soll vorliegen, wenn dies Innere die Welt des menschlichen Geisteslebens ist. „Ob man da ernstlich behaupten wolle", fragt Lotze[2], „dass die Disharmonie des Geistes in entsprechender Disharmonie der äusseren Erscheinung ausgedrückt

[1] Max Müller. Vorlesungen über Wissenschaft der Sprache, deutsche Bearbeitung. Leipzig 1866, Serie II. S. 291. [2] a. a. O. S. 27.

zu Schönheitswerth der harmonischen Erscheinung des harmonischen Innern gleich stehe, bloss weil das formale Verhältniss des Einklangs zwischen Inhalt und Form in beiden Fällen sich ganz gleich vorfinde."[1] Hier muss ich zunächst einen unrichtigen, aber gerade in seiner Unrichtigkeit für die irrige, stoffliche ästhetische Auffassung Lotze's zeugenden Ausdruck corrigieren. Schön ist, was gefällt, sagt auch Lotze. Er belehrt uns, wie wir sahen, vortrefflich, dass „Harmonie" nur ein objectiver Ausdruck, um so zu sagen, für das subjective Gefallen ist, und entsprechend „Disharmonie". Unmöglich kann also der äusseren Erscheinung eines unvollkommenen oder sittlich verwerflichen Inhalts, — (denn dies soll „disharmonisch" in Bezug auf den Inhalt doch heissen) — wenn sie überhaupt schön sein soll, das Prädicat disharmonisch gegeben werden. Wir werden sehen, dass Lotze diesen Fehler, zwischen gutem Inhalt und schöner Form und zwischen schlechtem (= disharmonischem) Inhalt und hässlicher (= disharmonischer) Form eine directe Proportion anzunehmen, öfter nicht vermieden hat. Es findet kein directes, es findet kein indirektes, es findet für die ästhetische Betrachtung überhaupt kein nothwendiges Wechselverhältniss zwischen Form und Inhalt statt; will sagen: jeder Inhalt kann schön und hässlich erscheinen oder dargestellt werden. Wenigstens gilt dies für die Kunst, welche überhaupt allein die rein ästhetischen Gesichtspunkte der Betrachtung in ihrem ganzen Umfange anzuwenden und zu erproben gestattet, wovon später. Dies also vorausbemerkt, muss ich allen Ernstes mich für einen solchen erklären, deren Dasein Lotze bezweifelt. Wenn das formale Verhältniss des Einklangs zwischen Inhalt und Form, oder wenn, um dasselbe einfacher zu sagen, das Urtheil des Gefühls über die (nicht inhaltslose, sondern, weil concrete, inhaltsvolle) Form allein in beiden Fällen dasselbe ist, so muss ihr Schönheitswerth derselbe sein. Lotze's Ansicht involvirt am letzten Ende weiter nichts als die Behauptung der Unmöglichkeit einer Aesthetik. Sie ist nur zu halten, wenn er die Isolierung des Geschmacksurtheils über die (inhaltsvolle) Form eines Gegenstandes von dem Wertheil über den Inhalt für unmöglich erklärt.

[1] a. a. O. S. 27.

In diesem Fall würde, zwar nicht der „Schönheitswerth", wohl aber der Gesammtwerth des einen Falles höher als der des andern sein. An die Stelle der Aesthetik träte eine Wissenschaft (mag sie meinethalb „Kritik" oder „Arestik" heissen) — von den Werthurtheilen oder von dem unbedingten Gefallen überhaupt. Im Ernst kann das ja nun nicht Lotze's Absicht sein, aber ausgesprochen hat er trotzdem die Unmöglichkeit besagter Isolierung, wie wir sehen werden, in dürren Worten.

Ich gehe weiter und zwar zunächst zu einer nur kurzen Bemerkung über den Streit zwischen Zimmermann und Lotze gelegentlich Lessing's. (Was die geschichtliche Wahrheit selbst gewesen, zu entscheiden, soll hier nicht mein Zweck sein.) Lotze[1]) verwundert sich, dass Zimmermann seiner Behauptung, Lessing halte die Form für den Grund des Schönen, selbst die Worte jenes beifügt: „nur das Vollkommenste gefällt dem Edelsten und der Künstler will nur dem Edelsten gefallen." „Warum?" fragt er. „Das Vollkommenste gefällt und nicht das Schönste? Es gefällt dem Edelsten, nicht dem Geschmackvollsten? und wenn dies noch zusammenstimmt, warum will der Künstler dem Edelsten gefallen? Das sind", schliesst er, „nicht Worte dessen, dem die Schönheit in blossen Formen besteht". Vielmehr gehöre zu der Gefälligkeit der Form auch nach Lessing unabtrennbar der Werth des Inhalts. Lotze könnte sich noch viel mehr verwundern, dass Zimmermann sogar als Motto seiner Aesthetik das bekannte Wort Schiller's an Göthe[2]) an die Spitze stellt: „es ist wirklich der Bemerkung werth, dass die Schlaffheit über ästhetische Dinge immer sich mit der moralischen Schlaffheit verbunden zeigt, und dass das reine, strenge Streben nach dem hohen Schönen bei der höchsten Liberalität gegen Alles, was Natur ist, dem Rigorism im Moralischen bei sich führen wird." Lotze könnte sich darüber noch mehr wundern, sage ich, aber er könnte hier auch Aufklärung seiner Verwunderung finden. Man muss zu jenem lessing'schen Satz, um seinen Sinn zu vervollständigen, noch hinzufügen: „also wird der Künstler nach Vollkommenheit streben", natürlich in der Form, die ihn allein angeht.

[1]) a. a. O. S. 29.
[2]) Brief Schiller's an Göthe vom 2. März 1798.

Dies zugegeben, was als möglich wenigstens Lotze nicht wird in Abrede stellen können, erledigt sich seine erste Gegenfrage. „Das Vollkommene" ist der allgemeine, auf Form und Inhalt, Schönheit und Güte (*bonitas*) gehende Ausdruck. Weiter aber erkennt Zimmermann (mit Schiller) das Factum durchaus an, dass das Schöne dem Unedelen nicht gefällt, sondern dass es den Edelsten gefällt, wenn sie nur auch Formensinn haben —, dass also der rechte Künstler nach dem Beifall der letzteren strebt. Aber Zimmermann wird leugnen, und ich mit ihm, dass daraus folge, die Schönheit hafte auch am Inhalt. Vielmehr ganz anders werde ich dies Verhältniss unten zu erklären haben, und Lotze selbst liefert zur richtigen Erklärung schöne Beiträge. Hier genügt es, Lotze gegenüber das Vorhandensein schöner Darstellung eines schlechten Inhalts in's Gedächtniss zu rufen, und doch gefällt auch dies Schöne dem Edelsten! Ist daran auch der Inhalt mit Schuld? Ich weiss freilich, was Lotze auf diese Frage antworten würde: „Hier liegt", würde er sagen, „der sittliche Gehalt und der eigentliche Inhalt des schönen Gegenstandes in der Form, sofern sie eine Kritik des Inhalts des Gegenstandes enthält." Ich habe dies später zu erledigen, mache aber nur gleich jetzt darauf aufmerksam, wie hier mit dem Worte Gehalt und Inhalt gespielt wird.

In der Geschichte der Aesthetik folgt nun Kant. Dieser unterscheidet bekanntlich freie und anhängende Schönheit.[1]) Erstere geht auf Blumen, Arabesken, musikalische Melodien und andere Gegenstände, bei denen — so denkt Kant — der Inhalt mit in die Form fällt, die Form das Ganze ausmacht. Letztere geht auf die übrigen Gegenstände, deren Form einen concreten Inhalt darstellt. Kant meint nun, bei der Betrachtung dieser zweiten Klasse von schönen Gegenständen leite uns immer der Begriff eines bestimmten Zweckes, durch welchen die Zusammenstimmung ihres Mannigfachen zur Einheit bedingt werde. Das Wohlgefallen an dieser Art von Schönheit sei deshalb kein rein ästhetisches mehr, sondern verbunden mit dem intellectuellen Wohlgefallen der Vernunft an der Uebereinstimmung der Erscheinung mit ihrer erkennbaren Be-

[1]) vgl. Lotze a. a. O. S. 56 ff.

stimmung. Vollkommen reine Schönheit komme nur jenen ersteren Objecten zu, deren Form unmittelbar durch den der Natur und Gliederung unserer Geisteskräfte entsprechenden Rhythmus gefalle, in welchem sie diese zur Ausübung ihrer Thätigkeiten anrege. „Die Vollkommenheit, welche in jenem Fall unser Urtheil mitbestimme, thue im Grunde der Reinigkeit desselben Abbruch." Es gewinne weder die Vollkommenheit des Gegenstandes durch seine Schönheit, noch umgekehrt. Da aber das Bewusstsein einmal die Beurtheilung jener nicht von der Empfindung dieser zu trennen vermöge, so gewinne das gesammte Vermögen der Vorstellungskraft, wenn beide Gemüthszustände zusammenstimmen, also bei schöner Darstellung eines vollkommenen Inhalts. Gegen die reine Schönheit zeigt Kant merkliche Geringschätzung; dagegen die von ihm hochgeachtete anhängende Schönheit möchte er am liebsten nicht mehr zur Schönheit rechnen, um sie aus einem andern Rechtsgrund hochzuachten. Ganz so, nur noch bestimmter, urtheilt auch Schiller. Jener Gewinn des ganzen Vorstellungsvermögens, sagt nun Lotze, besteht in einem Zuwachs an Lust. Diese entspringt aus einer nach Kant nicht nothwendigen Uebereinstimmung zwischen Formenschönheit und Wesen oder Vollkommenheit des Dinges, also aus einem begrifflich nicht als nothwendig abzuleitenden Verhalten, das, wo es vorkommt, ästhetische Lust errregt. Nicht die anhängende Schönheit sei also weniger schön, nicht unser ästhetisches Urtheil über sie weniger rein ästhetisch, sondern nur die Beziehungspunkte des gefälligen Verhältnisse seien weniger einfach als bei der Formenschönheit. Die Stellung Kant's erscheine fast als ein Nachklang aus der Kindheit der deutschen Aesthetik.

Während Lotze also die Grundlagen dieser kantischen Auseinandersetzung als richtig anerkennt und nur die daraus von denselben gezogenen Folgerungen bestreitet, so muss nach meiner Meinung vielmehr schon gegen jene der entschiedenste Widerspruch erhoben werden. Ich behaupte nämlich erstens, dass überhaupt nur die im Sinne Kant's reine ästhetische Betrachtung und Beurtheilung von Gegenständen wirklich ästhetisch ist, und zweitens, dass diese wirklich ästhetische Betrachtung und Beurtheilung über inhaltvolle Erscheinungen ganz ebensowohl möglich ist wie über die angeblich rein formellen Schönheiten. „Angeblich", — denn mit der freien Schönheit verhält es sich nicht so, wie Kant meint. Nicht der einfache Vortrag für sich, sondern der Ausdruck vor Allem macht, für uns Moderne wenigstens, die musikalische und landschaftliche Schönheit aus wie die der menschlichen Gestalt. Wo aber Ausdruck ist, muss doch auch ein Inhalt zu Grunde liegen. Objectivirte Stimmungen, Empfindungen, wenn ich so sagen darf, sind der Inhalt der von Kant so genannten freien Schönheiten. Würde demnach in Wahrheit die betrachtende Anschauung z. B. eines Gebäudes oder eines Menschen nothwendig immer von der intellectuellen Erkenntniss eines in denselben mehr oder minder vollkommen verwirklichten Zweckes beeinträchtigt (nach Kant) oder wenigstens begleitet (nach Lotze): so müsste dies ebenso auch bei einem musikalischen Satz, einer Landschaft u. s. w. der Fall sein. Denn die in ihnen dargestellte, die einzelnen Momente beherrschende und zur Einheit zusammenfassende Stimmung oder Empfindung steht zu der sie ausdrückenden Erscheinung in demselben Verhältniss wie dort die Idee des Gebäudes zu seiner angeschauten Wirklichkeit. Mit demselben Recht, wie wir dort jene zweierlei unterscheiden, können wir's auch hier. Und wäre es wahr, dass wir, um ein recht grelles Beispiel zu wählen, das plastische Gebilde eines Menschen mit einem Vogelschnabel oder Eselsohren hässlich fänden, nur insofern unserer Vernunft die Nichtübereinstimmung dieser Erscheinung mit ihrer erkennbaren Idee missfiele, so müsste es zum Ausdruck der Verzweiflung bestimmter musikalischer Satz oder eine von Melancholie erfüllte Landschaft mit zusammenhanglos eingestreuten Klängen oder Zügen behaglichster Zufriedenheit ganz auf demselben Wege unser Missfallen erregen. In Wirklichkeit aber wird vielmehr allen Gegenständen, sowohl denen der zweiten als der ersten Klasse, gegenüber eine Erregung zum Wohlgefallen oder Missfallen in uns hervorgerufen unmittelbar durch die Betrachtung der anschaulichen Erscheinung, nicht durch eine immerhin nachfolgende Reflexion des Verstandes auf einen in denselben gut oder schlecht zur Darstellung gebrachten Zweck. Dagegen die Beschreibung, welche mit Billigung Lotze's Kant von der ästhetischen Beurtheilung der anhängenden Schönheiten entwirft, passt wahrlich nur auf den reflectierenden Verstand, nicht auf die Anschauung und das über sie allein ergehende Geschmacksurtheil.

Ferner aber erweist sich Kant's (und Lotze's) Darlegung als falsch, sofern sie als auf Berücksichtigung nur der beaffnen Erfahrung gegründet erscheint. Denn es gicht ja, muss ich schon wieder entgegenhalten, schöne Darstellungen unvollkommenen, schlechten Inhalts. Da sondert sich doch offenbar die rein ästhetische Beurtheilung der Form von der metaphysischen oder ethischen Sichätzung und Betrachtung des Inhalts ab. Die Ungestalt eines missgeborenen Krüppels, die in dem Bilde eines Verbrechers sich aussprechende Bosheit, die in einem Tonstück wüthende und tobende Leidenschaft des Hasses missfällt uns, schmerzt uns; trotzdem gefällt und erfreut uns ihre ästhetisch vollkommene Erscheinung oder Darstellung. Da kann also von einem Zuwachs von Wohlgefallen »über die Vollkommenheit des Gegenstandes« zu dem über die Schönheit seiner Erscheinung nicht die Rede sein. Damit ist auch die Möglichkeit dieser Scheidung bei den schönen Darstellungen eines Vollkommenen bewiesen.

Der Grund aber des Versehens von Kant dürfte darin liegen, dass nicht so sehr die Kunst- als die Naturschönheiten, namentlich die lebendigen schönen Menschengestalten Material seiner ästhetischen Untersuchung war. In der lebensvollen Wirklichkeit aber, die Hässliches im streng ästhetischen Sinne nicht enthält, pflegen wir gar leicht bloss »die Erscheinungen des guten, vollkommenen Inhalts für schön anzusehen, dagegen nicht die eines schlechten Inhalts«. Wie das zugeht, werde ich unten näher veranschaulichen.

Lotze gegenüber muss ich nun also in Abrede stellen, dass die durch Formenschönheit und Vollkommenheit des Inhalts zusammen gewirkte Lust noch bloss ästhetisch sei. Er will hieraus einen Wortstreit machen, indem er den Sprachgebrauch für sich anruft, etwa so, wie Biedermann in seiner christlichen Dogmatik den Streit um die Persönlichkeit Gottes auf einen Wortstreit zurückführen will, sofern seine Gegner mit ihm denselben als absoluten Geist fassen. Lotze verweist auf die menschliche Gestalt und sagt, »davon werde uns doch niemand überreden wollen, dass dieselbe nur durch ihre stereometrischen Formverhältnisse, ohne Rücksicht auf das geistige Leben, das sich darin bewege, uns gefallen würde.« Dieser Satz ist wieder ungemein bezeichnend für seine ganze Stellung. Wer denn ausser Herbart und den Herbartianern wird allein „in den stereometrischen Formverhältnissen" der menschlichen Gestalt die ganze Form, die wirkliche Erscheinung des Menschen sehen? Als ob das geistige Leben bloss als Inhalt existirte, verborgen bliebe, nicht auch erschiene und angeschaut würde; und als ob nicht diese ganze ausdrucksvolle Erscheinung Object unserer rein ästhetischen Betrachtung und unseres daran unmittelbar sich anschliessenden ästhetischen Urtheils wäre! Man sieht, Lotze geht auf die abstrakte Fassung der Form von Seiten Herbart's ein. Statt diese zu verbessern, fasst er letzterer vielmehr ebenso abstrakt; das ist der Irrthum seiner Polemik, die *crux Achillea* seiner Kritik gegen Zimmermann. Nun freilich kann er nicht anders als den Inhalt zur Form noch hinzunehmen. Von diesem aber hat er, oder befolgt er wenigstens, consequenter Weise wieder eine ganz abstrakte Vorstellung. Diese Behauptung wird, wie meine ganze bisherige Beweisführung, im Folgenden immer weitere Stützen erhalten. Geht man also, wie Lotze thut, auf die von mir verworfene Grundlage dieser kantischen Auseinandersetzung ein, so muss man Kant und Schiller im höchsten Grade loben, dass sie den Eindruck der anhängenden Schönheit nicht mehr für rein ästhetisch erklärt haben. Und wenn Lotze hierin einen Nachklang aus der Jugend der deutschen Aesthetik erblickt, nun, so ist dies ein Punkt, in dem ich unserer Aesthetik diese Jugend wünsche.

Jetzt kommt Herder an die Reihe. Als den ersten wesentlichen Punkt von dessen positiven Leistungen bezeichnet Lotze die gegen Kant gerichtete Behauptung: „Schönheit liege nicht in einer Form, die ohne Begriff gefalle." Sie gefalle aus Gründen. Kant hat gerade mit dem bekannten Satz, den Herder hier negirt, jeglichem ästhetischen Doktrinarismus Schloss und Riegel vorgeschoben, das ursprüngliche, vor Begriffe nicht zurückführbare Gefallen der menschlichen Seele als einzigen Grund des Schönen bezeichnen wollen. Wir müssen also von vorn herein erwarten, dass, wer hier widerspricht, dem Doktrinarismus und der „Deutelei" in der ästhetischen Theorie die Schleusen öffnet. Das geschieht denn auch in diesem Fall.

Alle Schönheit, — so fährt Lotze theils in Herder's und seinem, theils nur in seinem Namen eines Längeren aus —, sei ausdrückend. Der ästhetische Eindruck entspringe aus den Gedanken, welche die Form oder der Inhalt des Gegenstandes in jedem Gemüth anzuregen durch sich selbst geeignet sei. Jedes räumliche Gebilde wirke auf uns nur durch Erinnerung an Bewegungen, deren Erzeugniss oder deren Schauplatz es ist, bestimmter: an das eigenthümliche Wohl oder Wehe, welches dem sich Bewegenden in jedem Augenblick aus der Form seiner Bewegung fühlbar erwächst. Dies wird noch weiter dahin vervollständigt: Alle räumlichen Gebilde wirkten ästhetisch auf uns, sofern sie Symbole eines von uns erlebbaren eigenthümlichen Wohls und Wehes seien. Endlich folgt nach noch einigen Anläufen die Schlussformel für die ästhetische Ansicht Herder's: die Schönheit beruhe auf der Sympathie, mit welcher unsere speciell menschliche Organisation in das Glück einer anderen sich versetzen könne.[1]

Kant's Standpunkt gestattet auf die Frage: warum ist etwas schön? warum gefällt es? nur die Antwort: wegen der Beschaffenheit meiner Natur. Er kennt nur einen metaphysischen Grund der Schönheit, eine Erklärung der Möglichkeit des Gefallens aus dem Wesen des menschlichen Geistes und seinem Verhältniss zur Natur heraus, nicht aber eine Erklärung aus irgend welchen dem Gegenstand objectiv anhaftenden Umständen. Für die Erforschung des metaphysischen Grundes der Schönheit enthält nun Lotze's Besprechung Herder's ausgezeichnete, feinsinnige Bemerkungen. Um so mehr scheint es mir zu beklagen, dass er deren wirkliche Bedeutung, ihre Zugehörigkeit zu jener Aufgabe verkannt hat. Ich kann unmöglich alles Einzelne hier näher erörtern, will nur, worin hauptsächlich der Irrthum mir zu liegen scheint, bezeichnen.

Wenn alle Gegenstände nicht durch ihre Form, durch das, was sie sind, sondern durch das, was sie bedeuten, woran sie erinnern, ästhetisch wirken, wozu dann überhaupt noch die Nothwendigkeit der Erscheinung bei der Schönheit? Ferner, entspricht denn diese Darstellung dem thatsächlichen ästhetischen Vorgang in der Seele, wie ihn jeder aus der Erfahrung und Beobachtung kennt? Wenn ich einer Erscheinung zum Zweck ästhetischen Genusses mich zuwende, erinnere ich mich dann etwa erst an dies und das, worauf sie deutet, und ergeht dann erst auf Grund dieser Bedeutung mein ästhetisches Urtheil? Bei Leibe nicht, sondern unmittelbar gefällt die Erscheinung. Erst später kommt der Verstand und fragt nach Gründen des Gefallens. Da fallen mir denn solche Bedeutungen ein. Ich finde den Rhythmus, die Vortragsweise der Form des Gegenstandes als eine solche, mit welcher, wenn sie meine eigene Erscheinung beherrscht, ein bestimmtes Wohl oder Wehe für mich verbunden ist. Denn — und das scheint mir wieder ein Fehler Lotze's — für den in Formen von solchem Rhythmus dargestellten Inhalt des Gegenstandes, (so dass eine Erklärung aus der Natur des Gegenstandes sich ergäbe,) ist nach ästhetischen Principien (NB.) damit gar kein Wohl oder Wehe verbunden, mit dem wir Sympathie fühlen könnten. Ein vollkommener Inhalt kann, rein ästhetisch betrachtet, unvollkommen, d. i. hässlich erscheinen, und ein unvollkommener, schlechter Inhalt schön. Die Schönheit begründet demnach — das ist doch ein sonnenklarer Schluss — eine Sympathie nicht für den Inhalt, sondern nur für die Form.

Ich gehe weiter, denn auf der nächsten Stufe, in Schiller, erhalten wir ja in einem Hauptpunkt nur den verbesserten Herder, wenigstens nach Lotze. Schiller entdeckte das Interesse der Vernunft an der Schönheit, die sittliche Würde des Schönen. Diese wusste er sich nicht zu erklären, stellte sie vielmehr wie ein Räthsel hin. Lotze nun löst das Räthsel, in Schiller's Geist, wie er sagt. Bei dieser Gelegenheit finden sich wieder die stärksten Beweise für seine abstracte Fassung der Form. Er redet von ihr als „von der geometrischen Form der Umrisse einer Gestalt als unbenannter Raumgrösse".[1] Ja, das ist für mich nicht die wirkliche Form, sondern nur etwa der Begriff einer Form; bloss mit jener aber hat es die ästhetische Anschauung zu thun. Man sehe auch das famose Exempel von der Baumwurzel in menschlicher Gestalt[2], auf das man wahrlich nicht gefasst ist, nachdem Lotze selbst oben

---

[1] a. a. O. S. 95.
[2] ebenda. S. 91 ff.

aber den schiller'schen Tiger in menschlicher Form gemacht hat. Hier findet sich auch das Wort, von dem ich oben sprach: dass unsere Theilnahme für schöne Gegenstände nicht in ein ästhetisches Urtheil des Sinnes und ein nebenhergehendes Interesse der Vernunft zerfalle, sondern die an sich gleichgiltige sinnliche Wahrnehmung werde überhaupt erst zum ästhetischen Eindruck, indem wir in den Formen das übersinnliche Innere wiedererkennen, von welchem wir aus Erfahrung wissen, dass es erscheint.¹) In Bezug auf die letzten Worte entgegne ich jetzt nur kurz, dass ein schlechter nicht minder als ein guter Mensch schön sein, uns gefallen kann. Hierüber wird gleich mehr gesagt werden. In Betreff des ganzen Gedankens aber kann ich nur wiederholen, dass hiermit eine Aesthetik unmöglich wird, also ein Verlust der Hauptserrungenschaft der neueren Wissenschaft vom Schönen droht.

Die vollkommenere Formel, die Lotze als „die Wahrheit" des schiller'schen ästhetischen Standpunktes an Stelle der Herder'schen setzt, lautet: Die Formen sind schön, die wir in lebendiger Erfahrung als die natürlichen Ausdrucksweisen des sittlichen Geistes kennen, und eben diese stille Hindeutung auf das, dem sie hier zur Erscheinung dienen, bildet ihre Schönheit auch da, wo sie abgelöst vom Inhalt als reine Formen überhaupt in unsere Anschauung fallen.²) Oder mit einfacher Verbesserung des Herder'schen Satzes, auf den ich ja noch einmal zu kommen wünschte, werde ich in Lotze's Sinn sagen können: Die Schönheit beruht nicht in den Formen, sondern in der Erinnerung an einen in ihnen nach unserer an uns selbst gemachten Erfahrung sich darstellenden sittlichen Werth, die sie in uns hervorrufen. Also wieder nicht den Formen, sondern dem inhaltlichen Werth der Gegenstände soll im Grund die Schönheit zukommen. Ich habe wiederum zu entgegnen, dass es auch schöne Darstellungen sittlich verwerflichen Inhalts giebt, dass es also nur zufällig ist, wenn ein schöner Gegenstand zugleich ein vollkommener, sittlich guter ist. Es fällt den schönen Formen also gar nicht ein, in der Weise, wie Lotze will, (NB.?) eine stille Hindeutung auf

¹) S. 95.
²) vergl. a. a. O. S. 97.

sittlichen Inhalt zu enthalten und einen sittlichen Werth des in ihnen dargestellten Gegenstandes zu fordern, zu bedingen. Die Schönheit macht nur die Form werthvoll, nicht den Inhalt. Aesthetischer und sittlicher Werth sind für den Gegenstand, an dem sie haften, total zweierlei.

Nun muss es doch aber höchst auffallend erscheinen, dass Lotze's als irrig aufgezeigte ästhetische Lehren meistens dadurch in den Irrthum fallen, dass sie die eine Hälfte des ästhetischen Materials, nämlich die schönen Erscheinungen des Unvollkommenen, Schlechten und die hässlichen Erscheinungen des Guten ignorieren und bloss auf die übrigen schönen Gegenstände sich stützen. Es verlangt das eine Erklärung, und ich hoffe sie geben zu können. Doch muss ich vorher noch den seltenen und interessanten Fall erwähnen, dass Lotze selbst einmal auf die schöne Darstellung eines verwerflichen Inhalts zu sprechen kommt.¹) Und wie fertigt er da diese Schwierigkeit ab? Denn für ihn, so scheint es auch dem Gesagten, müsste es eine sein. „Das, sagt er, was hier als Inhalt genannt wird, verdient doch höchstens Object, Gegenstand oder Veranlassung der künstlerischen Darstellung zu heissen. Die Darstellung macht dieses Object erst zum Inhalt des Kunstwerks, und zwar dadurch, dass sie in der formellen Behandlung desselben zugleich eine Kritik seines Werthes liefert. Das also, was die Kunst von dem Gegenstand denkt, und was sie durch ihre Formen ausdrückt, ist ihr Inhalt." Ich habe schon oben auf das Spielen mit dem Worte „Inhalt" aufmerksam gemacht; die zweizüngige Unfolgerichtigkeit kann doch hier niemandem entgehen. Indess, sehen wir uns doch dieses Dictum noch etwas näher an. Also „die schöne Form" soll in dem besagten Fall „eine Kritik des Werthes des Inhalts liefern". Nun, die Form kritisiert doch nicht, sondern sie regt höchstens unser über sie urtheilendes Werthschätzungsvermögen auf und an. Also, deutlich gemacht, will das sagen: das über die Form (und nicht über den Inhalt) ergehende Werthurtheil urtheilt nicht bloss über die Form, sondern auch über den Inhalt. Das ist doch offenbar Nonsens. Vielmehr die Form gefällt uns. Durch ihre vollkommene Darstellung

¹) a. a. O. S. 111.

lernen wir den Inhalt kennen. Ueber den ergeht nun, falls er ein schlechter ist, eine ethische Verurtheilung. Betrachten wir aber den Gegenstand im Ganzen, so flösst er uns Abscheu und Wohlgefallen zugleich ein. Eine ästhetische Betrachtung nun, die sich nicht bloss auf die Form, sondern „auf den Inhalt mit" richtet und also freilich eigentlich keine ästhetische Betrachtung mehr ist, wie die Lotze's, findet ein derartiges gemischtes „ästhetisches" Urtheil vor und legt sich diese Mischung so aus, wie es Lotze thut.

Die fast einzige Stelle, wo Lotze im ersten Buch auf die schöne Darstellung des Schlechten kam, wurde veranlasst durch die Besprechung der Auslassungen Schiller's über das Kunstschöne. Vorzugsweis nämlich bezogen sich des Letzteren ästhetische Untersuchungen auf die lebendige, bewegte Menschengestalt. In der sinnlichen Erscheinung der schönen Seele des Menschen schien ihm im Grunde alle Schönheit zu bestehen.[1]) Bei Beschränkung aber auf die Betrachtung des Naturschönen kann es wohl leicht kommen, dass man auf die von Lotze für die Wahrheit der Schiller'schen Aesthetik ausgegebene Meinung geräth: die schöne Form sei Erscheinung des sittlichen Inhalts. Eigentliches Hässliche im ästhetischen Sinne giebt es nämlich in der Natur überhaupt nicht. Ich muss diese Erörterung, der ich beim Kapitel vom Heterokosmischen übrigens wohl nicht hätte aus dem Wege gehen können, hier einschalten.

Meine Behauptung mag manchem auf den ersten Blick paradox erscheinen, denn sagt nicht z. B. Moritz Schnaase in der Einleitung zu seiner trefflichen Kunstgeschichte das gerade Gegentheil: „Die Natur ist nicht schön, aber lebendig, die Kunst ist todt, aber schön?" Ich denke, wir sollen beide noch Recht behalten. Die platte Wirklichkeit, die ganze Natur ist freilich nicht schön, sie ist nur mehr als bloss schön. Wohl giebt es in der Natur Unrichtigkeiten, Abnormitäten, denn die Mittel zur Verwirklichung auch des Schönen haben in der Natur ihre eigene Entwickelung, ihre eigenen Wirklichkeit, ihre eigenen Gesetze, ausser dem Zweck, dem sie dienen, während die Kunst Mittel und Zweck in Eins zusammenfasst. Indess

---
[1]) vergl. Lotze, a. a. O. S. 107.

diese Abnormitäten geben die eigentlich ästhetische Betrachtung nicht an. Uebrigens aber kann doch das Schöne, sofern es ein Produkt aus Anschauung und Gefühl ist, rein objective Realität seines humanen Factors halber überhaupt nicht haben. Dagegen wird man so etwa gewiss sagen können, dass das Schöne in der Natur sei, wie Michel Angelo von dem Marmorblock sagte, es ruhe in ihm eine Statue. Dass die Natur alle Gegenstände zu vollkommener Erscheinung bringt, dafür sind die, wenn sie sich in den richtigen Grenzen halten, höchst berechtigten Wissenschaften der Phrenologie und Physiognomik Beweise. Auch beruht ja die Möglichkeit unserer Begriffsbildung, unsere ganze concrete Erkenntniss auf der sicheren Vollkommenheit der naturwirklichen Erscheinungen; nicht minder zum Ende auch die Möglichkeit der Schönheit selber, indem nur, sofern unausbleiblich jedes Wohl und Wehe unseres Innern in einem bestimmten Rhythmus unserer körperlichen Erscheinung sich äussert, erklärlich wird, warum die Anschauung desselben in Formen der Aussenwelt Wohl oder Wehe in unserem Gemüthe zu Wege bringt. Hiervon sogleich mehr. Um es kurz zu machen, alle Schönheit hat ihr Dasein, ist lebendig nur in der menschlichen Phantasie, die, wie der Künstler aus dem Marmor die Statue, so auch aus der Natur trotz Unrichtigkeiten und Zufälligkeiten, die sie nichts angehen, das in derselben potentiell ruhende Schöne herausschaut. Die Schönheit ist Schein in doppeltem Sinn, wie Friedr. Theod. Vischer darlegt[1]), nicht nur dadurch, dass sie allein die Oberfläche des Gegenstandes umfasst, sondern auch, indem sie von allen selbstständigen Aeusserungen und Erzeugnissen und Zufälligkeiten des Mechanismus, von Haaren, Poren, Adern, Warzen und dergl., von Abnormitäten abstrahirt. Auch selbst die Werke der Kunst, die nichts weiter sein wollen als schön, bedürfen, um lebendig zu werden, um aus ihrem Tode zu erstehen, der empfänglichen, aufnehmenden, wiedererzeugenden Phantasie. Dies will also berücksichtigt sein, wenn ich demnach sage: Die Kunst ist eine Fixirung, eine Objectivirung des aus der Natur durch die Phantasie befreiten, aus

---
[1]) Aesthetik oder Wissenschaft des Schönen, 1846, Bd. I., § 55, vergl. §§. §. 149 f. u. 145.

und Realem, (von ewigem Urbild oder) Begriff und concreter Erscheinung. Lotze[1]) beseitigt mehrere nach seiner Meinung diesen Definitionen anhaftende oder an sie sich anschliessende Schwierigkeiten und Mängel, z. B. dass dadurch die Grenze verwischt werde zwischen Seienden und Schönem, ferner die Gefahr, die Schelling nicht vermeide, anschauliche Urbilder oder Gattungsbegriffe in Gott anzunehmen. Demgegenüber betont er, dass Schönheit nur den endlichen einzelnen Erscheinungen zugehöre, die ihren Begriff in besonderer, anschaulicher Gestalt ausprägen. Er spricht sich sogar, freilich mit Vorbehalt, (!) selbst in Bezug auf die Kunstübung „mehr für das Streben nach dem Charakteristischen als nach dem sogenannten Idealen" aus.[2]) Denn weil erst die besondere Gestalt, welche das Allgemeine in einzelnen seiner Beispiele annehme, Schönheit begründen könne, so sei nicht wohl denkbar, dass nur Eine solche Einzelform den Vorzug haben sollte, die Schönheit wirklich zu begründen. Auch unterscheidet er auf dem Grunde der schelling'schen Definitionen das Richtige, Gleichgiltige, Hässliche, Schöne. Aber ist denn nun durch diese Verbesserung die ästhetische Betrachtungsweise Schelling's wie des Idealismus überhaupt gesund und brauchbar geworden? Die Gattungsbegriffe sind leer, blind, unanschaulich, wie Lotze richtig bemerkt. Was heisst es denn nun, eine concrete Erscheinung darauf anzusehen, ob sie „nicht nur den Gesetzen des Begriffs entspricht, sondern auch in unvorgeschriebenen Einzelheiten sich seinem Sinne zuvorkommend anschmiegt"?[3]) Setzt denn eine solche Redeweise nicht deutlich immer als Maasstab für die Beurtheilung jeder concreten Erscheinung einen anschaulichen Begriff voraus? Lotze nimmt hier offenbar mit der andern Hand, was er mit der einen gegeben hat. Ein Verhältniss zwischen dem Gattungsbegriff und der Erscheinung giebt es, über dessen „Gesetze" hinaus, überhaupt nicht und kann es nicht geben, denn er enthält weiter nichts als diese Gesetze. Jene idealistische Anschauung ist nicht zu verbessern, sondern nur als unbrauchbar wegzuwerfen, denn die Voraussetzung anschaulicher, realer Urbilder, Allgemeinbegriffe ist ihre eigent-

[1] a. a. O. S. 137 ff.
[2] ebendas. S. 143.
[3] ebendas. S. 144.

liche Basis. Wenn Lotze den von ihm auf die besagte Weise corrigierten Schelling im Wesentlichen doch stehen lassen will, so scheint er mir nur zu zeigen, dass er die gerügten Fehler selbst weder in ihrer Wurzel erkannt noch überwunden hat. Derselbe Fehler, den Zimmermann in Bezug auf die Form macht, wenn er den inhaltslosen, mathematischen Formbegriff für schön erklärt, macht Lotze, wenn er von schöner Erscheinung des Gattungsbegriffs redet. Nicht zu erscheinen gehört zum Wesen desselben, dagegen seinen einzelnen Beispielen kommt die Erscheinung zu.

Ich bin auf Grund der angeführten Aeusserungen Lotze's auch hier überzeugt, dass ich nur von seiner eigenen, innersten Meinung die Consequenzen ziehe; doch hat er selbst diese offenbar nicht gezogen. Bei diesem halben Standpunkt ist es mir auch nicht verwunderlich, dass er nur mit Vorbehalt für das charakteristisch Schöne sich erklärt, und dass er in Bezug auf die Natur eine Grenze zwischen Schönem und Seiendem errichtet. Trotz aller Versicherungen des Gegentheils schwebt ihm bei der Beurtheilung des Naturschönen als Norm doch immer ein reales Urbild vor. Denn die rein ästhetischen Anforderungen, die auf den Einklang von Form und Inhalt, auf die Uebereinstimmung der Elemente der Erscheinung gerichtet sind, erfüllt die Natur an jeder ihrer Schöpfungen. Freilich ist das auch noch abstrakt ausgedrückt, denn der Inhalt wird uns ja eben nur durch die Erscheinung bekannt. Ein hässliches Naturerzeugniss, im strong ästhetischen Sinn, würde uns, wie gesagt, ein unrubricierbares, unverständliches, am letzten Ende für uns nicht existierendes Etwas oder Nichts sein. Weil nicht die in nur je einem Exemplar existierenden Begriffe, sondern die unzähligen, von einander unendlich verschiedenen Beispiele derselben erscheinen, deshalb muss alles Schöne charakteristisch sein. Was hat's denn überhaupt mit der sogenannten idealischen Kunst auf sich? Der Ausdruck wird beispielshalber vornehmlich auf die griechische Plastik zur Zeit des Pheidias angewendet. Ich muss diese im Gegentheil, oder wenigstens mit demselben Recht für ganz „charakteristisch", für Portraitbildnerei, wenn man es recht verstehen will, erklären. Die typische Götterbildung war gefordert, weil eben in dieser Einen bestimmten Gestalt die griechische Phan-

7

tasie übereinstimmend ihre Götter sich vorstellte. Der Künstler, der zuerst ein bestimmtes Ideal schuf, gab nur der bis dahin gleichsam noch nicht zum Bewusstsein gekommenen Nationalphantasie ihren Ausdruck, ganz wie dies auch der Sänger des Volksliedes thut. Dass ich Lotze nicht Unrecht thue, wird ganz klar auch aus seiner Darstellung Hegel's, wo er sich der unzweifelhaft richtigen Kritik Danzel's und Zimmermann's widersetzt. „Die charakteristische Form der Herrschaft der Idee über das Reale", die der Gedanke (¹) sein soll, den Hegel in der Anschauung der Naturschönheit uns wolle ahnen lassen,¹) dieser Ausdruck enthält, wie ich gezeigt habe, eine abenteuerliche Zusammenschweissung von unvereinbaren Gegensätzen. Entweder Erscheinung oder Begriff; erscheinender, angeschauter Begriff ist Unsinn! Wenn man hinzusetzt: „charakteristisch erscheinender Begriff, so heisst das nur, auf dem Unsinn bestehen und ihn dadurch steigern. (Anschauliche Gattungsbegriffe in vielen Exemplaren!)

Wir sehen also, dass dem Doctrinarismus gegenüber, den Lotze und meist auch mehr die von ihm in Schutz genommenen Standpunkte in die Aesthetik einführen wollen, indem sie in einem Gedanken, an den die Form erinnert, in einer ihr einwohnenden Bedeutung, also in etwas objectiv ausser ihr Liegendem den Grund der Schönheit, das die ästhetische Erregung Bewirkende sehen, — dass diesem Doctrinarismus geg. über (mit Herbart) Zimmermann in Recht ist mit seiner Losung: „nur die Form". Aber freilich, er schmälert selbst sein Verdienst, weil ihm „rein formell" sogleich zusammenfällt mit „abstrakt formell", weil es ihm nicht den Gegensatz bildet zu „stofflich, inhaltlich", sondern zu „concret formell". Zimmermann's „inhaltlose Form" widerlegt Lotze untadelhaft, aber anstatt den Fehler zu verbessern, geht er auf denselben ein. „Form und Inhalt", lautet die Parole, die er ihm entgegenstellt, und die a priori eine abstrakte Fassung von Form sowohl als Inhalt voraussetzen lässt, was sich, wie wir sahen, a posteriori bestätigt. Der Begriff und die Formel, die von jenen beiden das Richtige aufnimmt, ihre Fehler vermeidet, beide Lösungen überwindet und vermittelt, lautet, wie sich

¹) Lotze, a. a. O. S. 193.

nach allem Gesagten von selbst versteht: „Inhaltsvolle, concrete Form". Wir kehren also, wenn auch der Gang in die Irre nicht ohne Frucht gewesen ist, doch im Ganzen zu Kant zurück, der meine Ansicht, so viel ich sehe, im Wesentlichen vertritt. Und zwar kehre ich zu ihm zurück mit erhöhter Ehrfurcht vor des grossen Mannes gewaltigem, fast unbeirrbarem Verstande. Dass er (und Schiller, der sich ihm anschliesst,) von Zimmermann sowohl als von Lotze Tadel erntet, worüber letzterer selbst scherzt,¹) erklärt sich sehr natürlich daraus, dass sie in falschem Extremen, er in der richtigen Mitte steht.

Dennoch müssen wir auch Baumgarten, wie ich behauptete und nun bewiesen habe, seine concrete, inhaltsvolle Fassung der schönen Form nicht zum Tadel schreiben, sondern zum Lobe, an welchem Leibnitz Theil hat. Die soeben beschlossene Darlegung aber und Beurtheilung des principiellen Gegensatzes in den ästhetischen Anschauungen Lotze's und Zimmermann's für nicht hierher gehörig erklären oder über ihre Ausführlichkeit sich beklagen kann nur derjenige, welcher es für meine Aufgabe als gleichgiltig ansieht, ob man Baumgarten's und Leibnitzens Stellung hinsichtlich des in Rede stehenden Punktes tadele oder lobe. Uebrigens glaubte ich auch an und für sich gerade durch diesen Abschnitt den etwaigen Werth meiner Arbeit zu erhöhen. Zudem leitete mich bei seiner Abfassung das Gefühl, für die Fülle dessen, was ich von Lotze namentlich gelernt, meinen Dank nicht besser abstatten zu können, als indem ich ihn so ausführlich kritisire. Hingegen muss ich mir für die wenigen, hieran sich noch anschliessenden Bemerkungen Pardon erbitten; sie dienen mehr gleichsam zur Vervollständigung meines ästhetischen Glaubensbekenntnisses. Ausserdem sollen sie freilich auch oben gegebene Versprechungen einlösen. Denn ich blieb ja Lotze gegenüber, dessen Meinung ich verwarf, schuldig, „das Interesse der Vernunft an der Schönheit" (Schiller), deren Verehrung und sittliche Würde zu erklären. Auch wollte ich zu der Aufgabe, die Herbart der Aesthetik vorschreibt, noch Stellung nehmen.

Es ist für dieselbe thatsächlich bisher noch herzlich wenig

¹) a. a. O. S. 60.

geschehen, aber soviel sieht jeder, dass im glücklichen Fall doch nur die grobe, äusserliche Seite der Form in eine mathematische Formel zu fassen gelingen wird, während das wichtigere Innere derselben, ihren Ausdruck, ihre Seele, wenn ich so sagen darf, in die Verhältnisse etwa des goldenen Schnittes einzufangen ewig unmöglich bleibt. Uebrigens hätte das Streben nach strenger architektonischer Gliederung, nach symmetrischem Aufbau des Systems Herbart und seine Schüler durchaus nicht zu der Forderung führen müssen, bestimmte mathematische Formeln als allen schönen Formverhältnissen zu Grunde liegend zu erweisen. Vielmehr entsprach der analogen Aufgabestellung in der Ethik nur die Forderung der Auffindung der einfachsten ästhetischen Urverhältnisse, der elementarsten Beispiele des Schönen (Symmetrie, Gleichgewicht u. s. w.), auf welche die aus ihrer erfinderischen Verwendung entstehenden zusammengesetzten Schönheiten bis zu einem gewissen Grade durch Zergliederung zurückgeführt, aus denen ihre Wirkung einigermassen erklärt werden könnte. In dieser Fassung würde, wie Lotze[1]) gegen Zimmermann (Geschichte der Aesthetik S. 772) richtig bemerkt, die angebliche herbartsche „Reform" der Aesthetik auch mit der ästhetischen Ueberzeugung Kant's sich sehr wohl vertragen haben. Wollte man aber darüber hinaus, in der Weise, wie Adolf Zeising[2]) es versucht hat, zur Auffindung Eines allen schönen Formen zu Grunde liegenden mathematischen Verhältnisses fortschreiten, so scheine eine gesunde Methode auch wenigstens zu verlangen, dass man eben an jene elementaren ästhetischen Verhältnisse, nicht an zusammengesetzte Schönheiten die darauf hinzielenden Untersuchungen und Experimente anknüpfe. Diesen Weg hat Fechner eingeschlagen und dafür von Lotze[3]) wohlverdientes Lob geerntet, indem er die zur Lösung der in Rede stehenden Aufgabe von ihm angestellten Versuche an einfachsten Raumgebilden vornahm. Zu irgend nennenswerthen bestimmten Resultaten haben aber alle derartigen, übrigens höchst sparsam unternommenen Bemühungen bislang nicht

---

[1]) a. a. O. S. 241; vergl. auch S. 50.
[2]) vergl. Lotze a. a. O. S. 306.
[3]) a. a. O. S. 309 f.

geführt. Und praktischen Nutzen würden die etwa aufgefundenen Formeln oder einfachsten Verhältnisse wohl nur wenig haben. Denn dass zur Erfindung der Schönheit keine Regel förderlich sein könne, davon will ich ganz schweigen, aber auch für die ästhetische Kritik würden sich jene oft genug als ein Stab erweisen, welcher den in die Hand sticht, der sich auf ihn stützt. Nur das Talent, das doch nie über's Handwerk hinaus sich zur freien Kunst erhebt, seufzt unter den Schlägen einer solchen Kritik nach Regeln, dagegen „das Genie lacht über alle Grenzscheidungen der Kritik". Sicher hatte Lessing Recht, wenn er „keine noch so überredend erscheinende Regel, die aus besonderen Fällen zur Allgemeinheit erhoben worden wäre, jemals für so sicher hielt, dass er nicht befürchtet hätte, durch eine nicht vorgesehene Leistung eines künstlerischen Genius sie doch noch widerlegt zu sehen".[1]) Aehnlich spricht sich in drastischer, unübertrefflich naiver Redeweise, wie sie ihm eigen war, auch Kant aus.[2]) Jene aufgefundenen Urverhältnisse würden also nur eine theoretische Bedeutung haben. In dieser Beziehung und insoweit ist die Berechtigung und Wichtigkeit der von Herbart gestellten und besonders betonten Aufgabe durchaus zuzugestehen. Auch würde die Auffindung dieser Verhältnisse zur Detailerkenntniss des von Kant zuerst in epochemachender Weise aufgezeigten metaphysischen Grundes oder der Möglichkeit der Schönheit einen Beitrag liefern. Es müsste eine entsprechende Untersuchung der ästhetischen Gefühlserregung, des ästhetischen Urtheils sich damit verbinden, und aus der Combination der auf beiden Seiten sich ergebenden Resultate würde dann eine speciellere Kenntniss des Verhältnisses zwischen (den Formen) der Natur und dem menschlichen Geiste hervorgehen. Indess, von Anderem ganz zu schweigen, schon wegen der angegebenen Unzulänglichkeit dieser nur auf das Aeusserlichste sich erstreckenden ästhetischen Urverhältnisse würde man auf diesem Wege nicht weit kommen. Jedoch, für das Aufeinanderbezogensein und Füreinandersein von Natur und Geist existirt ja das

---

[1]) Lotze, a. a. O. S. 50; s. auch Lessing, hamb. Dramat. Bd. II. Stück 69 (Lachmann's Ausg. VII, 427 f.).
[2]) s. Kritik der Urtheilskraft, Werke Bd. IV (Rosenkr.) § 33, besonders S. 147 ff.

handgreiflichste Zeugniss im menschlichen Individuum selbst, als in welchem der Geist aus der Naturbasis hervorbricht und mit ihr sich in engster Verbindung zeigt. So wird für die Lösung jener Aufgabe hier besonders die Wahlstatt sein. Es wird zu untersuchen sein, welche physiologischen Veränderungen oder Zustände mit den seelischen Erscheinungen der Lust und Unlust verknüpft sind. In dieser Beziehung haben Herder und Schiller, und auch Lotze in der Besprechung beider, feine Beobachtungen und Fingerzeige gegeben. Die Formen, oder genauer Ton, Farbe, Vortragsweise, Rhythmus der Bewegungen und der durch oft wiederholte Bewegung entstehenden festen Körperformen, in welchem die Lust, das Glück der menschlichen Seele sich darstellt, zum Ausdruck kommt, die sind es, welche, wenn sie in der Aussenwelt, in der Natur erscheinen, in gleicher Weise unser Wohlgefallen hervorrufen. Und da wirkliche Lust, wahrhafte Glückseligkeit nur aus sittlichem Handeln, aus einem sittlichen Charakter erwächst, so sind die Erscheinungen schön, die in dem Rhythmus u. s. w. sich darstellen, in welchem die gute That, der sittliche Charakter, die schöne Seele körperlich zum Ausdruck kommt. Damit, denke ich, ist für die Lösung des Problems, welches Schiller offen liess, wofür ich ihn Angesichts der unrichtigen Bestimmung Lotze's loben muss, in der Kürze ein wenigstens der Hauptsache nach richtiger Weg gezeigt.

Ich gehe jetzt zu dem Punkt über, in welchem der Hauptmangel der baumgartenschen Aesthetik besteht; in welchem sie, besonders von Kant, in epochemachender Weise überschritten wurde; durch den sie mit sich selbst in einem schweren inneren Widerspruch begriffen erscheint, der nothwendig zu ihrer Vernichtung oder zum Fortschritt über sie hinaus führen musste. Natürlich meine ich dies, dass sie nicht in der durch den schönen Gegenstand im menschlichen Gemüth gewirkten Erregung das Wesen der Schönheit begriff, sondern in einer in ihr enthaltenen Erkenntniss. Auch dieser Mangel ist von der Begründung der Ästhetischen Disciplin auf die Principien der leibnitzischen Philosophie die unmittelbare Folge und also auch hier, freilich so seinem Schaden, Baumgarten in des Meisters Schuld. Ich kann mich bei der Besprechung dieses Gegenstandes kurz fassen, weil im Vorigen schon sehr Vieles, was zu seiner näheren Erklärung gehört, mit berührt ist.

Baumgarten und die übrigen Aesthetiker seiner Zeit sahen, wie Lotze[1]) gut bemerkt, sehr wohl ein, dass der Reiz der Schönheit nicht an den Leistungen des logisch klaren Erkennens haftet, sondern vielmehr an den unzergliederbaren Empfindungen und Anschauungen und an Verknüpfungen beider, die ohne begrifflich nachweisbaren Rechtsgrund eigenthümliche Gefühle der Werthanerkennung in uns hervorrufen. Aber einmal in die Fesseln eines dürren Intellektualismus gebannt, für welchen allein im logischen Denken das ganze Wesen und aller Inhalt des menschlichen Geistes sich erschöpfte, vermochten sie nicht, den Grund der Schönheit in etwas zu suchen, was von jenem verschieden, ja vielleicht grösser und höher wäre als alles Erkennen, sondern sie wussten ihn allein zu finden in der Unvollkommenheit, mit welcher jene Bethätigungen der Seelenkraft hinter ihrer Aufgabe, deutliche Vorstellungen, begriffliche Erkenntniss zu sein, zurückblieben. So geschah es, dass Baumgarten auf dem Boden leibnitzischer Lehre die Wissenschaft vom Schönen als Theorie des verworrenen, sinnlichen Erkennens begründete. Wie dies im Einzelnen herging, ist zur Genüge schon erörtert. Bei dieser Lage der Dinge wurde aber die Wissenschaft der Aesthetik nothwendig in grosse Schwierigkeiten verwickelt, die Schärferblickende sich nicht lange verbergen konnten. Erstens nämlich musste, wenigstens gemäss der Kosmologie des Systems der Harmonie, die Schönheit eigentlich als specifischer Besitz, zwar nicht, wie Zimmermann[2]) fälschlich sagt, aller untermenschlichen Monaden, aber doch der Thiere erscheinen. Denn in ihnen sollte sich ja der Mikrokosmos bis zur Stufe der verworrenen Vorstellung aufklären. Indess dies Bedenken war geringfügig im Vergleich zu einem andern. Die Schönheit oder ästhetische Wahrheit und die logische Wahrheit sind nach Baumgarten in ihrem Object nicht von einander verschieden. Die *veritas mentalis*, sagt er,[3]) schwebt bald dem Intellekt, der *ratio* vor, dann

---

[1]) a. a. O. S. 17.
[2]) a. a. O. S. 166.
[3]) in § 423 der *aesthetica*.

ergiebt sich *logica veritas*, bald dem *analogon rationis*, dann haben wir *veritas aesthetica* oder *pulcritudo*. Also nur dadurch unterscheiden sie sich, dass das eine Mal das Wahre durch die Sinnlichkeit, das andere Mal durch den Verstand, hier der Begriff als Begriff, dort als sinnliche Anschauung erkannt wird. Wenn nun aber, zur begrifflichen Erkenntniss in allen Stücken hindurchzudringen, für den Menschen Aufgabe galt, demgemäss auf die Verwirklichung oder zum Mindesten auf die Ermöglichung der Verwirklichung derselben sich alles Dichten und Trachten der Gelehrten richten musste, wie wollte man es rechtfertigen, dass man geflissentlich es sich als Ziel steckte, die verworrene Erkenntniss zu pflegen und in Flor zu bringen? Gesetzt auch, man verzweifelte, wie Baumgarten, daran, in allen Beziehungen zu deutlichen Begriffen sich zu erheben, durfte diese für die nach der Wahrheit Strebenden schmerzliche Ueberzeugung ihn abhalten, an der Beschränkung, Verminderung, Eroberung des Gebietes der sinnlichen Erkenntniss nach seinen Kräften wenigstens zu arbeiten? Musste er, statt zur Kultivierung derselben aufzufordern, nicht vielmehr dafür auf's Eifrigste wirken, dass es mehr und mehr öde und verlassen werde? Hiergegen half es auch nicht, dass er der niederen Erkenntniss ein eigenes geistiges Vermögen zuwies. Denn durfte eine solche Vermehrung der Einsicht eine andere Folge haben, als dass man, dieses Vermögen seines Stoffes zu entleeren, es möglichst ausser Thätigkeit zu setzen, sämmtlichen Vorstellungsmaterial durch den Verstand zu absorbiren, nur um so planvoller sich bemühte? Erschien es nicht klar als die schliessliche Bestimmung der *facultas cognoscitiva inferior*, eben auch nur, nicht selbst erkennendes Subject, sondern Object der deutlichen Erkenntniss, des Verstandes zu sein so gut wie der übrige Kosmos? Und musste man deshalb nicht, um auf das Ziel hinzustreben, schon jetzt die Kunst nach Möglichkeit einzudämmen und beschränken, und die Theorie der Kunst an ihre Stelle setzen? Der unermittlichen Strenge und Consequenz des blossen logischen Verstandes werden wir diese Folgerungen aus den in Baumgarten's Aesthetik aufgestellten Prämissen nicht streitig machen können.

Es ist interessant, hier einen Blick auf das Verhalten Hegel's zu werfen, der in der Aesthetik sich aus gleichem Grunde mit Baumgarten in gleicher Lage befindet. Auch für ihn ist das Schöne nur von Werth, sofern das Wahre dadurch erkannt wird, also durch den Vorstellungsgehalt, und die ästhetische Erkenntniss ist nur eine Vorbereitungsstufe zur logischen. Das Sinnliche ist das Negative zum Logischen als Positiven. Herbart sagt in seiner Kritik der hegelschen Aesthetik:[1] „man soll nicht im Künstler den Philosophen suchen, das ist er nicht." In der That ist folgerichtig bei Hegel wie bei Baumgarten der Künstler, wenn nicht Philosoph, so doch ein Analogon des Philosophen, ein Philosophenembryo. „Die Kunst gewinnt, wie Zimmermann[2]) es ausdrückt, den Boden der Philosophie, aber nur mit Verlust ihres eigenen," ja, füge ich hinzu, um den Preis ihrer Existenz. Denn in dem Dilemma, vor das ich oben Baumgarten zu stellen hatte und in dem nach dem Gesagten auch Hegel sich befinden muss, scheut dieser wirklich nicht die äusserste Consequenz. Wir finden bei ihm Aeusserungen wie die folgenden: Die Kunst sei nach der Seite ihrer höchsten Bestimmung für uns ein Vergangenes. Die Wissenschaft der Kunst sei uns mehr Bedürfniss als die Kunst selbst. Nicht Kunst wieder hervorzurufen trachteten wir, sondern, was Kunst sei, zu verstehen.[3])

Auch für die Aesthetik Baumgarten's bleibt diese Schwierigkeit, wenn sie ihr auch nicht zu klarem Bewusstsein kommt, doch nicht ohne deutlich bemerkbare Folgen. Nur entscheidet sie sich gemäss ihrer geschichtlichen Stellung und der persönlichen Entwickelung ihres Urhebers selbstverständlich in jenem Dilemma anders, freilich auf Kosten der wissenschaftlichen Haltung, die Hegel auch hier nicht abzusprechen ist. Bei Baumgarten wird der Philosoph, der Aesthetiker, anstatt den Künstler zu absorbiren, selbst Künstler. Er wird mit denselben Ausdrücken bezeichnet (*pulcre cogitans*, *aestheticus generalis* oder *catholicus* gegenüber dem *specialis* u. s. w.), gleiche Anlage und Ausbildung wird für beide verlangt. Die Aesthetik hat so gut wie die Kunst die Vorstellung der Vollkommenheit der verworrenen Erkenntniss zur Aufgabe, ja in

---

[1]) S. W. I, 560.
[2]) a. a. O. p. 694 ff.
[3]) vergl. Lotze, a. a. O. S. 190.

einer merkwürdigen Stelle¹) nimmt Baumgarten selber Verdienste, nach denen er so eben die Künstler trachten gelehrt hat, auch für seine Aesthetik in gleicher Weise in Anspruch.

Also wir sehen, ganz Unrecht hatte der Pastor Rosenberg in Mertschütz in dem mitgetheilten Brief an Gottsched, von dem wir oben nur mit Bezug auf den darin enthaltenen Irrthum Gebrauch machten, durchaus nicht. Vielmehr hat er den Standpunkt der abstrakten Logik oder des gesunden Menschenverstandes, dessen Recht doch auch nicht unterdrückt werden darf, ganz richtig vertreten. Jene schlechte Kritik, die nur an dem später erstiegenen, höheren Standpunkt frühere Leistungen misst, ohne die auch in ihnen enthaltenen Wahrheitsmomente aufzusuchen und zu würdigen, kann sich hier eine Lehre nehmen. Eindringlich stellt sich uns an solchen Fällen die Wahrheit jenes, des Mannes eigenstes Wesen aussprechenden Wortes von Leibnitz vor Augen: „*la vérité est plus répandue qu'on ne pense, mais elle est très-souvent fardée et très-souvent aussi enveloppée et même affaiblie, mutilée, corrompue par des additions, qui la gâtent ou la rendent moins utile. En faisant remarquer ces traces de la vérité dans les anciens ou pour parler plus généralement, dans les antérieurs, on tireroit or de la boue, le diamant de sa mine et la lumière des ténèbres, et ce seroit en effet perennis quaedam philosophia.*" Die, trotz der Anerkennung des alleinigen Werthes und der alleinigen Berechtigung der Aufgabe der deutlichen Erkenntniss, zum Zweck der Vervollkommnung des sinnlichen Erkennens gegründete Aesthetik gerieth wirklich in die Gefahr, „den Namen der Wissenschaft zu verlieren, weil sie, um die Schönheit zu bewahren, bloss bei undeutlicher Erkenntniss bleiben musste." Und zugleich blieb auf der anderen Seite „doch wirklich die Schönheit nicht mehr Schönheit, da sie auf diese Weise in Wissenschaft gebracht wurde". Aber vollkommen Unrecht hatten die Gottschedlinger, wenn sie deshalb die Unmöglichkeit der Aesthetik als Wissenschaft behaupteten. Das Dilemma war anders zu lösen und wurde anders gelöst. Wenn die Schönheit ein besonderes Gebiet ausmachte und ein besonderes Organ besass im menschlichen Geiste; wenn ausserdem die

¹) aesthet. § 167.

Schönheit und die Kunst mit dem besten Rechte ihr Dasein führten, — und von dieser Ueberzeugung war man durchdrungen, — so durfte jenes Organ nicht ein blosser Abglanz des Verstandes sein, sondern es musste eine ganz eigenthümliche, specifisch verschiedene Natur und eine zum Mindesten gleichberechtigte Stellung mit jenem haben. „Das Ästhetische Urtheil durfte nicht vom logischen durch die Verworrenheit seines Erkennens, sondern dadurch, dass es gar keine Erkenntniss der Dinge enthält, sich unterscheiden." Man musste zu der Einsicht durchdringen, „dass die Behauptung, etwas sei schön, keine Erkenntniss des Gegenstandes ausdrücke, sondern nur eine Art der Erregung bezeichne, welche von ihm das Gemüth des Behauptenden erfährt."¹) In vollster Klarheit hat diesen Fortschritt Kant vollzogen. Aber wie Baumgarten's Aesthetik sich gleichsam auf Kant zu bewegt, wird daran recht anschaulich, dass schon seine nächsten Schüler und Nachfolger nicht mehr eine Erkenntniss als Zweck der Schönheit und der Kunst hinstellen, sondern das Vergnügen.²) Noch weiter nähert sich der Wahrheit Mendelssohn, wie dies Danzel in der oben erwähnten Anzeige von dessen sämmtlichen Schriften nachgewiesen hat.³) Dagegen, wie ich oben Kuno Fischer entgegentrat, weil er die kantische Erkenntniss nicht in ihrem Keime, sondern als reife Frucht schon für Leibnitz in Anspruch nehmen wollte, so muss ich hier es tadeln, dass man⁴) bezüglich dieses Punktes Baumgarten in die unmittelbare Nähe Kant's herangerückt, ihn, wie ich oben mich ausdrückte, zu Kant hinaufgeschraubt hat. Wie für Leibnitz so ist auch für ihn unter wissenschaftlichem Gesichtspunkt das Vergnügen immer nur ein nebensächliches, die vollkommene Anschauung, welche die Hauptsache ist, begleitendes Moment.

¹) vergl. Kant, Kritik der Urtheilskraft § 1 u. 15. Werke IV (Rosenkr.) S. 45 f. und besonders S. 76 f.; dazu Lotze, a. a. O. S. 14.
²) so Eschenburg und Eberhard; vergl. Zimmermann, a. a. O. S. 173: „Nur In Einem Punkt weichen beide von Baumgarten ab, dass sie ausdrücklich den Zweck des Schönen in das Vergnügen setzen, während Baumgarten in die Vollkommenheit der sinnlichen Erkenntniss."
³) vergl. gesamm. Aufs. S. 95.
⁴) vergl. Ritter, Erdmann, Schasler an den angeführten Stellen.

Ich habe dies oben¹) ausführlich gezeigt, — „ἐχθρὸν δέ μοί
ἐστιν αἰθῶς ὁμοίηλος ῥηηυένα μυθολογεύειν." Ritter legt
grosses Gewicht darauf und sucht viel darnus zu machen,
dass Baumgarten in der Metaphysik § 640 als eine *pars* der
facultas cognoscitiva inferior auch die *facultas diiudicandi qua
iudicium sensitivum et sensuum* nennt. Indess sie wird aufgezählt
mitten unter sechs anderen *facultates*, die er in Parallele
mit den Vermögen der *ratio* dem *analogon rationis* beilegt.
Baumgarten ist weit entfernt davon, jene *facultas diiudicandi*
besonders zu betonen, geschweige sie als constitutives Organ
des ästhetischen Vorganges aufzufassen.

Die jedesmalige Zeitbildung pflegt sich gegen keinen
früheren Standpunkt mehr auf's hohe Pferd zu setzen, auf
keinen mit grösserer Geringschätzung herabzublicken, als den
sie selber längst überschritten hat. Und so ist denn auch
Baumgarten's Aesthetik bei den Späteren deshalb ein Gegenstand
des Spottes und Hohnes geworden²), weil er unvollkommene
Erkenntniss als das Wesen der Schönheit und der
Kunst bezeichnet hat. Die Nachwirkungen dieses einseitigen,
ungerechten Urtheils, das weder die Verdienste Baumgarten's,
noch die geschichtlichen Gründe seiner Schwächen gehörig in
Rechnung zieht, spürt man noch bis in die neuesten Darstellungen
herab. Ich erhoffe mir für meine Auseinandersetzung
die Anerkennung, die wissenschaftliche Leistung des Mannes
tiefer und vollständiger, als meistens bisher geschehen, gewürdigt
zu haben. Baumgarten's Beurtheilung der Schönheit und
der Kunst nach ihrem Vorstellungsgehalt steht doch, absolut
betrachtet, wenigstens noch unendlich höher als die von Lessing
einmal erwähnte cauerialistische Schätzung Richardson's, welche
die Kunst darauf hin ansieht, dass sie den Werth des Rohmaterials
erhöht. Uebrigens will ich noch erwähnen, dass
auch in Solger wesentlich diese baumgartensche Fassung wiederkehrt,
nur dass er nicht in einer niederen, sondern in einer
höheren Erkenntniss das Organ für die Auffassung der Schönheit
sucht.³)

---

¹) S. 88; vergl. S. 56 f.
²) Danzel, Gottsched S. 216.
³) vergl. Lotze, a. a. O. S. 160.

Also in ihren Fehlern wie in ihren Vorzügen schen wir
die Aesthetik Baumgarten's durch die leibnitzische Philosophie
gleichsam prognosticiert, und in allen Beziehungen erweist sie
sich als eine Ausgeburt der letzteren. Sie hat, wenn der
Vergleich erlaubt ist, aus leibnitzischen Federn das Nest, von
dem der Aar der kantischen Aesthetik mit mächtigem Fluge
sich erheben sollte.

Noch mit einem Lobe für Leibnitz, weil für Baumgarten,
darf ich das Ende machen. Ich komme nämlich jetzt zu der
Letzteren entschiedener Abneigung gegen alle Unwahrheit und
Unnatur in der Kunst, gegen die heterokosmischen Schönheiten;
zu seiner unbedingten Verehrung und Hochhaltung der Formen
der Wirklichkeit. Dass er diese Meinung und die Sinnesart,
auf welcher dieselbe beruht, von dem grossen Meister übernommen
hat, ist handgreiflich. Freilich trat ja gerade an
dieser Stelle ein fundamentaler Widerspruch in den Anschauungen
desselben zu Tage. Denn während nach dem ganzen
Zusammenhange des Systems der Harmonie sowie nach ausdrücklichen
Lehren desselben nur auf diese wirkliche Welt die
Erkenntniss der Monaden sich erstrecken sollte, so erhalten wir
dann doch, nicht bloss über eine höchste Monade, sondern
auch über andere, mögliche Welten allerlei Aufklärung, —
also über Dinge, die principiell die Monadenkenntniss übersteigen.
Gleichsam als sollte für diese logische Schwäche ein
Ersatz geschafft werden, wurde nun aber um so eindringlicher
die unbedingte, alleinige Verehrung und Werthschätzung der
wirklichen, der besten Welt gepredigt. Im tiefsten Grunde
des Gemüths hatte diese Anschauung bei Leibnitz ihre Wurzel,
und so bildet sie denn auch das charakteristische Gepräge,
den festen Typus seiner Philosophie. Mit letzterer musste
nothwendig auch jene auf die Nachfolger, mithin auch auf
Baumgarten übergehen.

Ueber die aus dieser Anschauung, wie gesagt, sich ergebende
Abneigung der baumgartenschen Aesthetik gegen die
heterokosmische Schönheit habe ich also oben, im Anschluss
an Lotze¹), ein zustimmendes Lob ausgesprochen. Hinwieder

---

¹) a. a. O. S. 14 ff.

finden nun aber Ritter[1]), Zimmermann[2]), Schasler[3]) hier vielmehr einen Grund zum entschiedenen Tadel, der sich bei Schasler nicht bloss gegen Baumgarten, sondern auch gegen das, was Lotze bei der Besprechung dieses Punktes bemerkt, richtet. Es würden, tadeln sie, durch diese Verwerfung der ausserwirklichen Schönheit, durch die Vorschrift der Naturnachahmung dem freien Flug der Kunst die Schwingen durchschnitten, es würde ihr der Nerv der Idealität unterbunden und an deren Stelle die handwerksmässige Nachahmung der platten Wirklichkeit gesetzt. Das hört sich so von vornherein gar nicht übel an und hat für manchen gewiss einen Anschein von Glaublichkeit. Denn in der That hat ja in der Kunst von jeher das Streben nach Natürlichkeit oft zur Darstellung des bloss Natürlichen, Gewöhnlichen, ja selbst Gemeinen — jedenfalls Unschönen geführt. Wenn irgendwo von einer überwiegend idealischen Richtung in der Kunst die Rede sein kann, so bei den Griechen, die so strenge Auforderungen an die Schönheit stellten, dass wenigstens in der besten Zeit ihrer bildenden Kunst der menschliche Körper fast nur im blühendsten Jünglings- oder im kräftigsten Mannesalter zur Darstellung kam. Und doch finden sich auch bei ihnen einige Beispiele des Umschlags in's entgegengesetzte Extrem. Wer ein wenig mit der Geschichte der griechischen Plastik bekannt ist, wird sich gewiss an Myron's betrunkene alte Frau in Smyrna erinnern, an deren Schönheit zu glauben ich mich durch Overbeck[4]) nicht will überreden lassen. Ferner gehört hierher die etwa achtzigjährige Athenepriesterin Lysimache, welche der attische Künstler Demetrios, ein Zeitgenosse des Phidias, portraitirte, sowie auch die Statue des Feldherrn Pellichos von demselben Künstler, die uns Lukianos[5]) beschreibt als einen alten Mann mit Schmeerbauch und kahler Platte, mit struppigem Bart, von dem einzelne Haare wie vom Winde bewegt sind, und mit unter der welken Haut sichtbar hervortretenden Adern. Um daran noch ein Beispiel aus unserer Zeit zu reihen, so dürfte

[1]) Gesch. der Phil. XII. S. 552 ff.
[2]) a. a. O. S. 152 ff ; auch S. 172.
[3]) a. a. O. S. 352 ff.
[4]) Geschichte der griech. Plastik. 1857, I, S. 301.
[5]) Philopseud. 18.

Otto Ludwig vielleicht schon in seinem Dachdeckerroman[1]), sicherlich aber in den thüringischen Erzählungen im Streben nach Naturwahrheit die Grenze der Schönheit überschritten haben. Alle solche Darstellungen aber, bei denen es, wie Quinctilian[2]) in Bezug auf jenen Demetrios sagt, „mehr auf Aehnlichkeit als auf Schönheit ankommt"; die berühmten Trauben, nach denen die Sperlinge picken, oder, um diese von Göthe benutzte „lustige Geschichte" hinzuzufügen, die Käferabbildungen in einem naturwissenschaftlichen Werk, die ein Affe herausfrisst, weil er sie für lebendige hält: sie zählen eben Sperlinge, Affen u. s. w. zu ihren Liebhabern, aber sie sind nicht schön für uns Menschen.

Ebenso unbedingt jedoch, wie dieser schlechte Realismus in der Kunst mit Recht verworfen wird, ist der gesunde Naturalismus zu fordern, der es verschmäht, aus dem Schattenreich einer wüsten, zügellosen Phantasie die Gegenstände seiner Bildungen zu entnehmen, vielmehr an die Formen der Wirklichkeit, sofern sie allein für sie selbst bedeutungslosen, zufälligen Aeusserungen des Mechanismus enthoben sind, soweit die mit dem Werthgefühl verknüpfte und eben dadurch von der blossen sinnlichen Einbildungskraft unterschiedene Anschauung der Phantasie sich auf sie erstreckt, durchaus sich anschliesst. Nur darauf beziehen sich natürlich auch jene Bemerkungen Lotze's, und etwas anderes dürfte Schasler nicht darin finden wollen.

Die Forderung der Naturwahrheit, welche das Grundgesetz der Schönheit darstellt, verlangt nämlich erstlich nach ihrer negativen Seite, dass nichts in der Form des Kunstwerks dem, was für die, die es geniessen sollen, Wirklichkeit ist, widerspreche. Wo nur gesunder Geschmack herrschte, galt auch dieses Gesetz. So stört bei Aristophanes[3]) das staunende Sinnen über die Ungestalt des ἐπεἰσακτρον dem Dionysos die Nachtruhe. Der Hermaphrodit hat erst den entkräfteten, impotent gewordenen, nach Raffinirtheiten haschenden Geschmack zu reizen geliebt.[4]) Die Konturen, die ein

[1]) Zwischen Himmel und Erde.
[2]) lib. 12, 10.
[3]) Frösche, Vers 930 ff.
[4]) Overbeck, a. a. O. II, S. 229.

unbefangener, der griechischen Auffassung fremder moderner Geschmack sicher befremdlich finden wird, hatten für den Griechen volle geschichtliche Wirklichkeit. Die zum Ausdruck der glühendsten, sinnlichen Leidenschaft verwendeten Darstellungen der Leda mit dem Schwan, die wir auch nur geschichtlich richtig ästhetisch zu würdigen schwer über uns gewinnen, verloren für den Hellenen wenigstens zum guten Theil das Unnatürliche, welches eine solche Gruppe hat, dadurch, dass er in dem Schwan Zeus verborgen wusste.[1]) Die einst so beliebten, wild phantastischen Darstellungen der Versuchungen von Heiligen oder der Höllenqualen der Verdammten vermögen uns sogar in der humoristischen Behandlung eines Martin Schongauer, den ja auch Michelangelo in einem solchen Stoff zum Vorbild nahm, kaum noch reines Wohlgefallen abzuzwingen.[2]) Doch dergleichen Beispiele liessen sich aus den bildenden Künsten in Menge anführen.

Das oben angeführte muntere Stückchen von dem Affen war entnommen aus Göthe's Gespräch „über Wahrheit und Wahrscheinlichkeit der Kunstwerke"[3]), in welchem „der Anwalt des Künstlers" des „Zuschauers" realistische Anwandlungen in äusserst treffender und feiner Weise in's rechte Licht stellt und zurückweist. Zu dem Satz, „dass das Kunstwahre und das Naturwahre völlig verschieden sei, und dass der Künstler keineswegs streben solle noch dürfe, dass sein Werk eigentlich als ein Naturwerk erscheine", zu diesem Satz werden wir, sofern er gegen die Nachahmung der platten Wirklichkeit gerichtet ist, gewiss gern uns bekennen. Dass aber Göthe über diese Grenze hinaus mit jenem von uns als Grundgesetz der Kunst bezeichneten Naturalismus zu nahe treten wollte, geht deutlich aus dem Beispiel hervor, mit Hülfe dessen er den „Anwalt" seinen Standpunkt zum Siege bringen lässt. Ich bin hier in der glücklichen Lage, nicht ein subjectives Urtheil fällen zu müssen, vielmehr ist die Kritik der Oper, die Anerkennung ihres von Göthe gut geschilderten Mangels an Naturwahrheit als eines Fehlers gleich-

---

[1]) vergl. Otto Jahn, archäolog. Beiträge S. 5.
[2]) Ich denke z. B. an ein Bild Schongauer's im Berliner alten Museum; übrigens vergl. H. Grimm, Leben Michelangelo's, S. 7sf. (Ausg. III).
[3]) Cotta'sche Ausgabe in sechs Bänden, 1866, Bd. V, S. 365 ff.

sam schon geschichtliche Objectivität geworden. Die Folgen dieser Erkenntniss und die Reaction gegen diesen Fehler haben wir vor Augen in den Opern Richard Wagner's, denen ich die Fernhaltung der rein musikalischen Modulation und das Streben, die Musik in die Schranken eines sich der momentanen Stimmung anpassenden Ausdrucksmittels zu verweisen, dem zu Grunde liegenden Motiv nach mit Lotze[1]) zum entschiedenen Verdienst anrechnen muss. Aber freilich zeigt sich an ihnen gerade anschaulich die Unmöglichkeit einer blossen, nicht radikalen Verbesserung dieses erkannten Uebelstandes. Denn einmal kommt unter der Gewalt des Textes der musikalische Gedanke zu kurz, und auf der anderen Seite vermag zugleich und gleichwohl die Darstellung den zur Schönheit nothwendigen Schein einer wahren Handlung nicht zu Wege zu bringen. Die theoretische Lehre Köstlin's, „dass die Musik beginne, wo die Rede ende", und die Umkehrung derselben verlangt eben auch die Herrschaft in der Praxis.[2])

Auch an dichterischen Werken tadelt unser Geschmack entschieden die Verstösse gegen die geschichtliche Wirklichkeit der Erscheinungen. Wenn Strauss in einer Anmerkung zu seinem Ulrich von Hutten[3]) Deinhardstein, den Verfasser eines Schauspiels Hans Sachs, ernstlich rügt, weil er aus Eobanus Hess, einem unserer trefflichsten Männer, eine lächerliche und verächtliche Figur gemacht und so auch die Wiederholung derselben Unwahrheit in der gleichnamigen Oper „des wackeren" Lortzing verschuldet habe, so ist dies wenigstens ebensosehr ein ästhetisches als ein ethisches Urtheil.

Ferner widerspricht es entschieden den thatsächlichen Forderungen des Schönheitssinnes und dem ästhetischen Bedürfnis, wenn Aristoteles und, ihm beipflichtend, Lessing[4]) den Dichter von der Pflicht entbindet, uns die wirklichen Erlebnisse der geschichtlichen Gestalten vorzuführen, deren Namen er benutze, und ihm nur auferlegt, zu zeigen, was Menschen von ihrem Charakter begegnen könne und müsse. Lotze hat

---

[1]) a. a. O. S. 409 f.
[2]) vergl. Lotze, a. a. O.
[3]) Erste Ausgabe, Bd. I, S. 41.
[4]) in der hamburgischen Dramat. Bd. I, Stück 23 und Bd. II, von Stück 89 an. (Lachmann's Ausg. Bd. VII, 105 und 397 ff.)

den tieferen Grund dieser Meinung des Aristoteles darin gefunden, dass „dem Griechen der Begriff einer Geschichte nicht in dem Sinne eines zusammenhängenden Weltplanes geläufig gewesen sei, in welchem jedes Einzelne wesentlich, sondern nur in dem Sinn einer Folgemenge aus allgemeinen Naturbedingungen, innerhalb deren jedes Einzelne ein unwesentliches Beispiel¹) ist. Dies mag richtig sein, aber es scheint mir trotzdem zur Erklärung dieses Irrthums des Aristoteles nicht zu genügen. Denn auch die griechische Dichtung, wie sie auf ihrem Höhepunkt durch Aischylos und Sophokles repräsentiert wird, zeigt sich von dem Gefühl der Unzulässigkeit von Verstössen gegen das für wirklich und geschichtlich Geltende auf's Tiefste durchdrungen. Im Fall der Collision mit anderen wichtigen ästhetischen Forderungen bringt sie lieber diese der dem Volksbewusstsein feststehenden, von ihm geforderten Wahrheit zum Opfer. Nur so, nicht etwa durch Annahme massenhafter Interpolation (Bergk)²) wird der Mangel an Einheit der Handlung im Aias und in den Trachinierinnen des Sophocles zu erklären sein. Ein Aias z. B., der mit dem Tode des Helden hätte aufhören wollen, würde auf das Volk, das in den folgenden Schicksalen des Tenkros und der Tekmessa und in dem Streit über die Beerdigung des Leichnams gleichsam einen nothwendigen Abschluss dieses Sagenstoffes zu sehen gewohnt war, den Eindruck geschichtlicher Unvollkommenheit und Unwahrheit gemacht haben. Nun hat bekanntlich Aristoteles gemäss seiner ganzen wissenschaftlichen Art, gleichwie die theoretische Untersuchung seiner Politika auf eine umfassende Sammlung der in geschichtlicher Geltung gewesenen oder noch bestehenden Staatsverfassungen sich stützte, ebenso die Lehrsätze seiner Poetik auf Grund eines ausgedehnten, genauen Studiums der dichterischen Kunstwerke, über welches das Buch ..περὶ τῶν Ἀθήνησι διδασκαλιῶν" Rechenschaft gab, aufgestellt. Dass er trotz des eben bezeichneten Charakters der griechischen Dichtung aus der Periode der höchsten Kunstblüthe bezüglich der Frage über das Mass der von dem Künstler zu beobachtenden Natur-

¹) a. a. O. S. 17.
²) Bergk. Sophoclis tragoed. 1858, S. XXXV f.

wahrheit den besagten Standpunkt vertritt, würde uns demnach unerklärlich scheinen müssen, wenn man nicht gerade im vierten Jahrhundert Euripides weit über Sophoklos und Aischylos hinaus als Dichter geschätzt und verehrt, durch diesen aber die attische Dichtung eine von der bis dahin gehenden durchaus verschiedene Richtung erhalten hätte. Alle Begriffe, die ganze Denkweise, auf der wie auf ihrem Fundament die Zeit der alten Herrlichkeit geruht hatte, war durch die sophistische Aufklärung erschüttert und zu Grabe getragen worden. Euripides war das Kind dieser Aufklärung, und zwar durchaus nur nach ihrer früheren, negativen, skeptischen Natur. Von dieser Denkweise ist denn nun auch seine dichterische Thätigkeit völlig beherrscht und geleitet. An die Stelle der pietätsvollen Scheu vor der Ueberlieferung bei Aischylos und Sophokles tritt bei ihm, da er, wie der grösste Theil der gebildeten Zeitgenossen, den Glauben an die letztere verloren hat, die willkürlichste, den Zusammenhang nicht schonende nur vom Streben nach dramatischem Effect geleitete Veränderung und Gestaltung der aus der Sage überkommenen Motive.

Euripides befindet sich auch weiter, wenigstens absolut beurtheilt, zu der Forderung der künstlerischen Naturwahrheit nach ihrer positiven Seite besonders im Gegensatz. Es missfällt uns nämlich nicht bloss die willkürliche Veränderung der uns bekannten Erscheinungen in der künstlerischen Darstellung, sondern unbestreitbar fordert unser ästhetisches Bedürfniss zum Zwecke seiner möglichst vollkommenen Befriedigung gerade die Formen und Gestalten der Wirklichkeit vom Künstler dargestellt zu sehen, von denen wir umgeben sind, die im Vordergrund unseres Bewusstseins und unseres Interesses stehen, die den Inhalt unserer Phantasie und den Gegenstand bilden, mit dem sie vor allem sich beschäftigt. Die unbedingte Schätzung des nationalen Charakters der Kunst, der ungemeine Erfolg, welchen oft künstlerische Darstellungen, die in den übrigen Beziehungen höchst mittelmässig sind, dadurch sich erwerben, dass sie in die unmittelbaren Interessen der Gegenwart hineingreifen, — sie haben hierin ihren Grund. Ein anschauliches Beispiel, das deutlich erkennen lässt, wie nicht die Anlehnung an die Wirklichkeit bloss in den allge-

8*

meinen Beziehungen, sondern nur die Darstellung der ganz speciellen Wirklichkeit Wohlgefallen im höchsten Grade zu erwecken im Stande ist, bietet Göthe's Iphigenie dar. Denn obwohl, wie A. Koberstein in sorgfältiger Darlegung bewiesen hat, die Sinnes- und Gemüthsart der in ihr auftretenden Personen, der Geist und die ganze innere Behandlung und auch die äussere Form durchaus deutsch sind¹), so hat doch vornehmlich der fremde Stoff das Stück um einen allgemeinen, dauernden Beifall, wie Göthe's Götz, wie Lessing's Minna ihn im Sturme sich eroberten, gebracht. Gleich in der ersten Zeit wurde es selten aufgeführt und nur von der Elite der Gebildeten gewürdigt. Auch Euripides, von dem ja diese Erörterung ausgieng, liebt es, die entlegensten Stoffe hervorzuholen und in die entlegensten Gegenden die Scene zu verlegen. Ich erinnere zum Beispiel an die Helena. Und derselbe Charakter ist überhaupt der Kunst aller der Zeiten eigen, wo ein Volk den Glauben an das, was bisher in Staat und Kirche, Religion und Wissenschaft für es im Werthe stand, verliert. Auch für uns Deutsche ist ja die Zeit noch nicht lange vorgangen, wo unsere Kunst in aller Herren Länder und bei den Alten betteln gieng, wo sämmtliche Stände mit Robinson nach den glücklichen Inseln zogen, oder wo man gar in das echte Utopien, in's luftige Reich der Märchen und der Fabeln mit Vorliebe sich flüchtete, — weil man überall sich wohler fühlte als daheim im Vaterland. Und doch ist nur hier wahre Befriedigung auch des ästhetischen Bedürfnisses zu finden. Dieses unser objectives Urtheil findet in dem subjectiven Gefühl der Unbefriedigtheit, von dem eben jene Zeiten selbst erfüllt sind, seine Bestätigung.

Und diese so von mir bestimmte Forderung der Naturwahrheit des Kunstwerks ist nicht etwa eine dem rein ästhetischen Interesse fremde, nur auf den Inhalt des schönen Gegenstandes bezügliche, wie Zimmermann gegenüber Baumgarten urtheilt und nach seiner abstrakten Fassung der Form ja wohl urtheilen musste. Vielmehr wie jede Culturperiode und jeder engere Culturkreis in demselben von einem bestimmten Ideencomplex erfüllt und durchdrungen ist, auf die praktische und theoretische Lösung einer begrenzten Anzahl von Aufgaben alle Arbeit wendet, so finden wir auch die Erscheinungen und die Formen der Dinge, die das menschliche Interesse zu erregen, zu Werthurtheilen das menschliche Gemüth herauszufordern fähig sind, in jedem Volk zu jeder Zeit immer nur auf einen mehr oder minder engen Kreis beschränkt. Die ästhetische Betrachtungsweise ist also in diesem Punkt von der sonstigen nur insofern verschieden, als hier der Gesichtspunkt für die Beurtheilung von Form und Inhalt ein gleicher ist.

Aber, um nun zu Baumgarten noch einmal kurz zurückzukehren, hat er denn nicht etwa wirklich bei seiner Abneigung gegen das Heterokosmische und seiner wiederholt an den Künstler gerichteten Forderung, die Natur nachzuahmen, jene platte Wirklichkeit, deren Darstellung nicht im Stande ist, Schönheit zu begründen, im Auge gehabt, so dass ihn wenigstens, wenn auch nicht seinen Anwalt Lotze der Tadel mit Recht träfe, den die obengenannten Gelehrten ausgesprochen haben? Ich glaube, das Gegentheil davon lässt sich, einigermassen wenigstens, beweisen, wenn ich auch gern zugeben will, dass ihm die Punkte, auf welche es hier ankommt, nicht so klar vor Augen gestanden haben wie uns jetzt. Die Schlussworte von § 104: „omne venustae cogitationis artificium hac una regula comprehendi videtur: naturam imitare!" scheinen für das Urtheil aller jener Männer vor Allem bestimmend gewesen zu sein. Aber Baumgarten hat diesem Satz eine wichtige Beschränkung zugefügt. Es gilt nämlich nur, sofern unter dem naturale cogitandi genus ein solches verstanden wird, das der Anlage des Künstlers selbst, ferner dem Wesen der darzustellenden Gegenstände und endlich dem allgemeinen Charakter seines Publikums entspricht. Ich kann mich auf die nähere Erklärung, die diese drei Beziehungen später in der Aesthetica erhalten, hier nicht noch einmal weiter einlassen, meine Darstellung des Inhalts der letzteren giebt darüber Auskunft. Aber soviel sieht Jeder, dass der Tadel jener Gelehrten hier keine Grundlage hat. Weitere Nachweisungen aber, die ich widerlegen könnte, habe ich bei keinem von ihnen gefunden. Dagegen hat Baumgarten § 565 der Aesthetik ausdrücklich den Fall verhandelt, dass ein Gegenstand der Wirklichkeit

---

¹) A. Koberstein, vermischte Aufsätze zur Literaturgeschichte und Aesthetik, Leipz. 1858, p. 115 ff.

zur Darstellung gelangen solle, dessen Beschaffenheiten (notae) mit den Gesetzen der Schönheit zum Theil unvereinbar seien; und da entscheidet er, dass dann dieselben wegzulassen seien „ob veritatem materialiter perfectiorem invehendum ambitiori formae veri similitudinis", d. h. die der objectiven Wirklichkeit mehr entsprechende Wahrheit, (die aber nicht schön ist), in die reizende Form der Wahrscheinlichkeit zu hüllen. Ich denke, damit ist bewiesen, dass Baumgarten nicht die Nachbildung der Natur auf Kosten der Schönheit zu begünstigen gedachte. Ueberhaupt finde ich, dass gerade seine Urtheile bei Besprechung des Heterokosmischen zu dem Besten gehören, was die aesthetica enthält. Noch will ich auch bemerken, dass er unter der für den Künstler massgebenden Wirklichkeit nach oft wiederkehrenden Aeusserungen immer das versteht, was dem Gesammtbewusstsein des Publikums, für das jener seine Darstellung bestimmt, als wirklich gilt. Ich habe in meiner Darstellung des Inhalts der ästhetischen Schriften Baumgarten's gerade diese Partie mit grösserer Ausführlichkeit behandelt, auch hat Lotze sich näher hierüber ausgesprochen. Deshalb darf ich mich auf das Gesagte, was sich mit dem von Lotze Gegebenen etwa gegenseitig ergänzt, beschränken. Bei Leibnitz lagen speciellere Bemerkungen über diesen Punkt nicht vor, deshalb musste man sich begnügen, im Allgemeinen, wie oben geschehen ist, auch hierin den engen Anschluss Baumgarten's an Leibnitz und seine Abhängigkeit von demselben zu constatieren.

So stehe ich denn am Ende meines Weges. Man könnte höchstens noch eine Recapitulation der Ergebnisse erwarten, aber deren Stelle mag die der Arbeit beigefügte Inhaltsangabe vertreten. Drum nur noch ein paar Worte zum Schluss.

Es dürfte vielleicht mancher geneigt sein, sich zu wundern, warum ich die vorstehende Abhandlung zu einer Sonderpublikation benutzt habe, um so mehr, wenn er erfährt, dass die Aufnahme derselben in die gelesenste philosophische Zeitschrift mir zugesichert war. Indess haben auf der einen Seite Gründe persönlicher Natur mich bestimmt, diesen Weg der Veröffentlichung zu wählen, auf der andern aber hielt ich allerdings wenigstens meine bei dieser Gelegenheit gegen ästhetische Grundanschauungen Lotze's und Zimmermann's

(Herbart's) geübte ausführliche Kritik für nicht so völlig unwichtig und uninteressant, um mir nicht auch ein kleines Recht auf denselben zu sichern. Mag man mir nämlich im Einzelnen, besonders in Dingen, die Kenntnisse und Gelehrsamkeit erfordern, manche Unrichtigkeit nachweisen, — ich trete in dieser Hinsicht mit den bescheidensten Ansprüchen auf: dagegen war ich und bin ich der festen Ueberzeugung, in dem Zwist zwischen Lotze und der Aesthetik der herbart'schen Schule, besonders Zimmermann's, beiderseitige Irrthümer im Wesentlichen richtig herausgefunden und den Weg zur Aufhebung derselben mit Erfolg eröffnet zu haben. Es sind mir bis jetzt in dieser Hinsicht von allen, die meine Arbeit gelesen haben, der Sache nach nur zustimmende Urtheile zu Theil geworden; aber auch der entgegengesetzte Fall würde schwer im Stande gewesen sein, meine je länger je mehr sich festigende Ansicht darüber zu erschüttern. Schlage man doch von den Stellen, die in Lotze's Geschichte der Aesthetik diese Frage angehen, auf, welche man wolle: überall wird man für meine Beurtheilung nur immer neue Stützen und Bestätigungen finden. So setzt derselbe, um noch ein Beispiel herauszugreifen, in der Besprechung Herbart's auseinander: „weil jeder nicht bloss geübt, sondern genöthigt sei, Mienen, Gebärden und Umrisse zu deuten, so komme eine bloss geometrische Perception einer menschlichen Gestalt nie in Wirklichkeit vor, sondern ihre Deutung sei ein unvermeidlicher Bestandtheil der Umstände, unter denen es überhaupt zu einem ästhetischen Urtheil über sie komme."[1] Ferner tadelt er es kurz darauf als ein willkürliches Verfahren, „von der wahrscheinlichen Vermuthung völlig abzusehen, dass auch die anschaulichen Formen für sich ihre eigene ästhetische Bedeutung eben jenen Associationen verdanken, von denen wir sie in der Zeit, in welcher wir überhaupt ästhetisch zu urtheilen beginnen, längst nicht mehr zu trennen im Stande seien."[2] Dies alles hat, theilweise wenigstens, seine Richtigkeit und seinen guten Sinn, so weit es sich eretlich um die Bekämpfung der ganz abstrakten Fassung der Form in der Herbart'schen Aesthetik und zweitens

---
[1] a. a. O. S. 230.
[2] a. a. O. S. 232.

um die Frage nach dem Wie? des Zustandekommens, und nach der Möglichkeit der ästhetischen Erregung handelt.

Ich sage: theilweise, denn allerdings entwickelt sich zwar erst mit der Erstarkung des sittlichen Bewusstseins und der Urtheilskraft im Allgemeinen auch der ästhetische Sinn, aber es geht dies wohl anders zu, als man nach Lotze's Darlegung, wie's mir scheinen will, es sich vorstellen müsste. Sämtlich die Formencharaktere, Formentypen, die wir aus eigener Erfahrung und durch Selbstbeobachtung als Darstellungs- und Aeusserungsweisen eines sittlichen und damit in sich befriedigten, mit Lustgefühl begleiteten und belebten Daseins kennen lernen, rufen auch, sobald sie am Nicht-Ich wahrgenommen werden, als Erscheinungen, Anschauungen der Aussenwelt gleichsam reflectorisch jenes oder wenigstens ein jenem ganz ähnliches Lustgefühl des Gemüths hervor. Während daher Kinder, die eines kräftigen sittlichen Bewusstseins und der Fähigkeit zu eigentlich sittlichem Handeln und damit auch der durch dasselbe gewirkten Lust der Seele noch entbehren, — während diese nicht für das Schöne, sondern nur für das Angenehme lebhaften Sinn haben: so stellt sich mit dem Fortschreiten der geistigen, insonderheit der sittlichen Entwickelung die Erfahrung der geschilderten ethischen Lust, ihrer Erscheinungsweise am Menschen selbst und endlich der durch eine Art von Reflexbewegung wachgerufenen Lust bei Anschauung, bei Perception jener Erscheinungsweise in der Aussenwelt ein. Wie sich auf diese Weise der sittliche Werth und die sittliche Wirkung des Schönen erklärt, ist theils schon früher angedeutet worden, theils aus dem eben Gesagten leicht zu entnehmen. Ja, auch der ästhetische Genuss selbst erscheint hiermit als ein Lohn der Sittlichkeit. Während Lotze also, abgesehen von dem oben öfter gerügten Fehler, dass er, gerade noch zur Erklärung der Verehrung, der sittlichen Würde des Schönen, zwischen dem Charakter oder Rhythmus der Form und der Qualität des Inhalts des Gegenstandes ein Verhältniss annimmt, — während er ganz abgesehen hiervon den Schönheitssinn vielmehr durch Deutung, durch Vermittlung des Intellekts sich ausbilden und zu Stande kommen lässt, glaube ich ihn vielmehr ohne dieses Mittelglied aus dem Gefühl erwachsen lassen zu müssen. Bei Lotze ist der genetische Fortschritt folgender: Erst kommt es zur Erkenntniss der Erscheinungsweise des Sittlichen an uns selbst, dann folgt die Wahrnehmung derselben in der Aussenwelt, dann die Ausdeutung auf einen sittlichen Inhalt, dann endlich das Wohlgefallen der Seele. Bei mir dagegen folgt gleich auf das Zweite das Vierte. Denn, meine ich, zu jener Deutung kommt es nicht nur beim Kinde, zur Zeit der Entwickelung der ästhetischen Urtheilskraft, nicht, sondern bei den meisten Menschen überhaupt nie. Vielmehr nur bei denen kommt es dazu, die Aesthetik treiben, und zwar in specie über den metaphysischen Grund und über die thatsächliche Genesis der Schönheit sich klar zu werden mit Erfolg versuchen. Wollte aber Lotze unter jener „Deutung" einen instinktiven, unbewussten Vorgang verstanden wissen, so dass er sie vor der von mir dargelegten Ansicht sich näherte, so ist wenigstens sein Ausdruck sehr unglücklich gewählt. Und dies lässt immer auch auf einen noch nicht fertigen Gedanken schliessen. — Uebrigens enthält die eben gegebene Erörterung zu meinen früheren Ausführungen nützliche Ergänzungen.

Nach Verbesserung dieser zwei Fehler haben also Lotze's vorhin angeführte Aeusserungen sehr guten Sinn. Dagegen für entschieden falsch muss man sie erklären, sofern dadurch die Ansicht bestritten werden soll, welche für das eigentliche Subject des Prädikats der Schönheit nur die concrete, inhaltvolle Form, für die wirkliche Ursache der ästhetischen Erregung und für das Object der ästhetischen Beurtheilung nur die Anschauung dieser Form erklärt. Es ist — ich wiederhole es — eine unwiderlegliche Thatsache, dass die schönen Formen rein an sich und unmittelbar gefallen, dass das ästhetische Urtheil nicht von einer vorangehenden, es bedingenden Deutung abhängt. Sobald wir wahrhaft ästhetisch urtheilen, sind nur die Formen Gegenstand dieses Urtheils, der zuerkannte Werth oder Unwerth der der Formen selbst. Eine andere Frage ist es, woher das Gefallen an den so beschaffenen Formen kommt, auf welche Weise die Anschauung der Form Realgrund unserer ästhetischen Erregung wird. Zu ihrer Beantwortung ist Lotze's „Deutelei" auf's Beste zu verwerthen. Auch der Ausdruck Lotze's[1]): „die Uebereinstimmung zwischen der per-

---

[1]) a. a. O. S. 230 f.

cipierten Erscheinungsform und dem apperripierten Innern gehöre zur Begründung ihrer Schönheit", bestätigt meine oben[1]) ausgesprochene Meinung, dass jener auf die abstrakte Fassung des Begriffs der Form in der herbartschen Aesthetik, obwohl er sie verwirft, doch selber eingeht und nun den Inhalt zur Ergänzung hinzunimmt. Die „Vorehrung" aber vor dem Schönen, die freilich mit dem rein ästhetischen Gefallen streng genommen nichts zu thun hat, wird vollkommen erklärlich bei der richtigen Einsicht in den metaphysischen Grund der Schönheit[2]). In dieser Beziehung ist das Nöthige gesagt worden.

Doch ich muss aufhören. Denn ich wollte nur noch ein Beispiel zum Beleg für meine Behauptung aufführen, nicht von Neuem die Widerlegung des lotzischen Standpunktes unternehmen. Indess ist es erklärlich, dass jeder, der etwas Unvollkommenes zu liefern sich lebhaft bewusst ist, gerade am Ende seiner Arbeit noch Vieles auf dem Herzen hat. Sollte endlich etwa jemand finden, dass die Lebhaftigkeit, mit der fremde Ansichten in meiner Arbeit bekämpft werden, bisweilen die Grenze des in dieser Beziehung Erlaubten streife, so hoffe ich doch wenigstens vor dem Verdacht gesichert zu sein, als ob dieselbe in Selbstüberhebung, nicht im Eifer für die Sache ihre Quelle habe. Denn ich streite ja meist gegen Männer, vor deren wissenschaftlichen Leistungen ich wiederholt meine grösste Hochachtung rückhaltlos habe kundgeben dürfen.

[1]) vergl. S. 87 u. 98.
[2]) gegen Lotze a. a. O. S. 233.